KB197771

EBS
기초 영문법 1

중학 영어 내신 만점을 위한 첫걸음
초등 영어를 정리하고 중학 으로 도약하자!

Main Book으로

재미있는 만화와 도표를 보며
문법 용어와 개념에 친숙해져 보아요.
학습한 문법 내용을 활용하여
실생활에 쓰이는 대화문에
적용해 보세요. 어느새
중학교 수업에서 배우는 영어 문법에
자신감을 갖게 될 거예요.

 정답과 해설은 EBS 초등사이트(primary.ebs.co.kr)에서 다운로드 받으실 수 있습니다.

| 교 재 내 용 문 의 | 교재 내용 문의는 EBS 초등사이트 (primary.ebs.co.kr)의 교재 Q&A 서비스를 활용하시기 바랍니다. | 교 재 정오표 공 지 | 발행 이후 발견된 정오 사항을 EBS 초등사이트 정오표 코너에서 알려 드립니다. 교과/교재 → 교재 → 교재 선택 → 정오표 | 교 재 정 정 신 청 | 공지된 정오 내용 외에 발견된 정오 사항이 있다면 EBS 초등사이트를 통해 알려 주세요. 교과/교재 → 교재 → 교재 선택 → 교재 Q& |

EBS
기초 영문법 1

Main Book

이 교재의 구성과 특징

각 Chapter를 시작하기에 앞서,
문법 용어를 만화와 개념 풀이로
재미있게 설명하였습니다.

한눈에 들어오는 문법 설명
그림과 도식을 통해 중학교에 입학하여
배우게 될 문법들을 이해하기
쉽게 구성하였습니다.

중학교 교과서 유형의 연습 문제
각 Unit에서 학습한 문법 내용을
다양한 유형의 문제로 연습할 수 있도록
하였습니다.

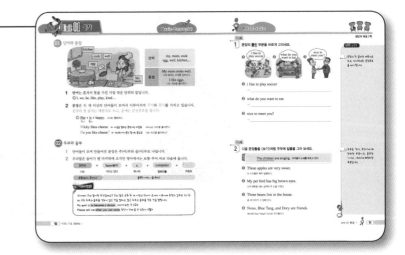

영어 학습에 적응하기 위한 첫 단계로 익혀야 하는 기초적인 문법을
쉽게 접근할 수 있도록 만들어진 교재입니다.

Q 누구를 위한 교재인가요?

문법의 기초가 부족하다고 느끼는 친구들과 중학교 내신에 대비하고 싶은데
문법을 어떻게 공부해야 하는지 고민하는 친구들을 위한 교재입니다.

Q 이 교재로 공부하면
어떤 점이 좋을까요?

본 교재는 초등에서 중등으로 진학할 때 영어 학습에서 마주치게 되는 수준의 차이를
최소화하고, 중학교 수업에서 사용되는 문법 용어나 단어들을 미리 학습할 수 있어 중학교
수업에 자신감을 갖도록 도움을 줄 것입니다.

실생활 대화 속 문법을 통한 실력 향상
각 Unit에서 다루고 있는 문법을 대화에
적용하여 중학 내신 시험에서
비중이 높아지는 서술형 문제까지 대비할
수 있게 구성하였습니다.

꼼꼼히 재미있게 정리하고
각 Unit에서 학습한 내용을 다시 한 번
철저하게 확인해 보는 코너와
재미를 느낄 수 있는 영어 관련 소재들을
함께 구성하였습니다.

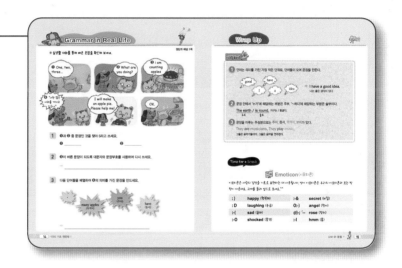

WORKBOOK
각 Chapter에서 다루고 있는
문법 사항을 반복적인 연습을 통해
완벽하게 익힐 수 있도록 하여 강의용
내용에서 어렵게 느껴졌던
부분을 집중적으로 학습할 수 있도록
하였습니다.

이 교재의 효과적인 활용법!!

초등학생의
자기주도적
학습법!!

'EBS 기초 영문법' 프로그램을 시청하기 전 만화와 도표로 문법 용어와 익숙해지세요.

재미있는 만화로
개념을 익혀요

방송을 보며
공부해요

보고 나서
WORKBOOK을
풀어 보며 완벽하게
이해해요~

제 이름은 다나,
궁금함이 많은
학생입니다.

제 이름은
아이쿠슈타인, 저도
학생입니다.

전 피카슈 선생님이에요.
여러분의 문법 공부를
도와줄 선생님입니다.

예비 중학생의 자기주도적 학습법!!

1 규칙적인 방송 시청

　방송 강의를 놓치면 꾸준히 공부하는 습관을 기를 수 없습니다. 한 시간도 빠지지 않고 순서대로 학습하다 보면 중학교에서의 문법 수업이 어느 순간 쉽게 이해되기 시작합니다.

2 중학교 교과서의 문법에 익숙해지기

　중학교 교과서에 등장하는 문법의 개념을 Basic Concept을 통해 배우고, Practice의 문제들을 풀어 봄으로써 다양한 유형의 문법 문제에 대한 이해도를 높입니다.

3 WORKBOOK 문제를 통한 보충·심화 학습

　WORKBOOK의 문항은 해당 문법을 좀 더 완벽하게 이해하기 위한 연습 문제들입니다. 강의 시청과 WORKBOOK 문제를 활용해 보충·심화 학습을 해 봅시다.

Contents

Chapter I 문장

문장

 문장이란?

단어들이 모여 문장이 만들어지며 주부
와 술부로 나눌 수 있습니다.

단어: Jenny, and, Jim, are, students

문장: Jenny and Jim are students.

　　　주부(누가)　　　술부(~이다, ~하다)

 문장을 쓸 때 주의점

첫 글자는 항상 대문자로, 끝에는 문장
의 성격에 따라 마침표, 물음표, 느낌표
등을 씁니다.

문장의 시작은 대문자

◉ **T**hey love toys.

◉ **D**o you like movies**?**

　　　　　　　　문장의 끝은 문장부호

 문장의 주요 구성 요소

◉ 주어
➜ 문장의 주인이 되는 말

◉ 동사(술어)
➜ 주어의 동작이나 상태를 나타내는 말

◉ 목적어
➜ 동작의 목적이나 대상이 되는 말

◉ 보어
➜ 주어나 목적어를 설명하는 말

01 단어와 문장

단어	my, mom, cook egg, well, kitchen,...
문장	My mom cooks well. 나의 엄마는 요리를 잘하신다. I like eggs. 나는 계란을 좋아한다.

1 단어는 혼자서 뜻을 가진 가장 작은 단위의 말입니다.

　예 I, we, he, like, play, kind....

2 문장은 두 개 이상의 단어들이 모여서 이루어지며 주어와 동사를 가지고 있습니다.
문장의 첫 글자는 대문자로 쓰고, 끝에는 문장부호를 씁니다.

　예 She + is + happy. 그녀는 행복하다.
　　　주어　동사

　　Micky likes cheese. ← 사실을 말하는 문장에는 마침표　Micky는 치즈를 좋아한다.

　　Do you like cheese? ← 상대방에게 묻는 말에는 물음표　너는 치즈를 좋아하니?

02 주부와 술부

1 단어들이 모여 만들어진 문장은 주(어)부와 술(어)부로 나뉩니다.

2 우리말은 술어가 맨 마지막에 오지만 영어에서는 보통 주어 바로 다음에 옵니다.

I(주어)	+	have(술어)	+	a	+	computer	+	.
나는		가지고 있다		하나의		컴퓨터를		마침표

주부(누가, 무엇이)	술부(~이다, ~을 하다)

여기서 잠깐!

영어에서 구와 절이란 무엇일까요? 구와 절은 모두 두 개 이상의 단어가 모여서 이루어져 문장의 일부로 쓰이는데, 구는 주부와 술부를 갖추지 않은 것을 말하고, 절은 주부와 술부를 갖춘 것을 말합니다.

My goal is to become a doctor. 의사가 되는 것 <구>

Please tell me when you can come. 당신이 언제 올 수 있는지 <절>

WB 2쪽

정답과 해설 2쪽

1 문장의 틀린 부분을 바르게 고치세요.

① i like to play soccer

② what do you want to eat

③ nice to meet you?

도움말

1 문장의 첫 글자는 대문자로 쓰고, 마지막에는 문장부호를 써야 합니다.

① i like to play soccer

➡ _____

② what do you want to eat

➡ _____

③ nice to meet you?

➡ _____

WB 2쪽

2 다음 문장들을 〈보기〉처럼 주부에 밑줄을 그어 보세요.

2 주부는 '누가, 무엇이'에 해당하는 부분이고, 술부는 '~이다, ~하다'에 해당하는 부분입니다.

보기
> The children are singing. 아이들이 노래를 부르고 있다.

① These apples are very sweet.
이 사과들은 매우 달콤하다.

② My pet bird has big brown eyes.
나의 애완용 새는 갈색의 큰 눈을 가졌다.

③ Three bears live in the house.
곰 세 마리가 그 집에 산다.

④ Nimo, Blue Tang, and Dory are friends.
Nimo와 Blue Tang과 Dory는 친구들이다.

01 문장의 주요 구성 요소

They go to school.
그들은 학교에 간다.

They are students.
그들은 학생이다.

She has a bag.
그녀는 가방을 갖고 있다.

주어	문장의 주인이 되는 말	They, She
동사(술어)	주어의 행동이나 상태를 나타내는 말	go, are, has
목적어	동작의 목적이나 대상이 되는 말	a bag
보어	주어나 목적어를 설명하는 말	students

1 주어와 동사는 문장의 필수 구성 성분입니다.

2 **주어**는 문장의 주체를 정해 주고, **동사**는 문장에서 행동이나 변화에 관한 내용을 담당합니다.

02 그 밖의 문장의 구성 요소: 수식어구

1 주어, 동사(술어), 목적어, 보어가 있으면 문장의 기본 의미는 통합니다.

2 문장에 보다 자세한 내용을 담고 싶을 때 여러 가지 수식어들을 사용하게 됩니다.

3 '~하게', '~이/히' 로 해석되는 말이나 '~한/인'으로 해석되는 말이 **수식어**입니다.

예 fast (빠르게)   high (높은)   great (위대한)   big (큰)   loudly (크게)

run fast
빨리 달리다

high mountain
높은 산

big brother
큰 형

WB 3쪽

정답과 해설 2~3쪽

1 다음 문장의 각 단어는 어떤 구성 성분인지 연결하세요.

영어 문장의 어순

주어   동사(술어)   목적어   보어

❶ My parents   watch   TV.

목적어   주어   동사

❷ My sister and I   are   students.

보어   주어   동사

❸ Shrek   loves   Fiona.

목적어   주어   동사

도움말

1
❶ '누가'에 해당하는 표현이 주어, '~을'에 해당하는 표현이 목적어입니다.
❷ students는 주어인 My sister and I를 설명하는 말입니다.
❸ love(사랑하다)의 대상이 Fiona입니다.

WB 3쪽

2 다음 문장들에 〈보기〉처럼 수식어에는 동그라미, 꾸밈을 받는 말에는 네모를 그리세요.

보기
She wears big sunglasses.

❶ Pinocchio has a long nose.

❷ He is drawing a red ball.

❸ Anna has great power.

❹ Mike is a young pilot.

❺ Cindy became a popular singer.

2
❶ long(긴)은 nose(코)를 꾸며 줍니다.
❷ red(붉은)는 ball(공)을 꾸며 주어 색이 어떠한지 설명해 줍니다.
❸ great(큰, 엄청난)은 power(힘)를 꾸며 줍니다.
❹ young(젊은)은 pilot(비행사)을 꾸며 줍니다.
❺ popular(인기 있는)는 singer(가수)를 꾸며 줍니다.

Grammar in Real Life

● 실생활 대화를 통해 배운 문법을 확인해 보세요.

❶ One, two, three...

❷ What are you doing?

❸ i am counting apples

❹ "너는 많은 사과를 가지고 있구나"

I will make an apple pie. Please help me!

OK.

1 ❶과 ❷ 중 문장인 것을 찾아 S라고 쓰세요.

❶ _____   ❷ _____

2 ❸이 바른 문장이 되도록 대문자와 문장부호를 사용하여 다시 쓰세요.

➡ _____

3 다음 단어들을 배열하여 ❹의 의미를 가진 문장을 만드세요.

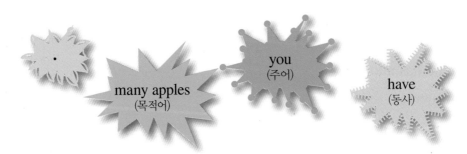

many apples
(목적어)

you
(주어)

have
(동사)

➡ _____

기억하기

1 단어는 의미를 가진 가장 작은 단위로, 단어들이 모여 문장을 만든다.

good have I a idea

➡ I have a good idea.
나는 좋은 생각이 있다.

2 문장 안에서 '누가'에 해당하는 부분은 주부, '~하다'에 해당하는 부분은 술부이다.

The earth / is round. 지구는 / 둥글다.
　주부　　　술부

3 문장을 이루는 주성분으로는 주어, 동사, 목적어, 보어가 있다.

They are musicians. They play music.
그들은 음악가들이다. 그들은 음악을 연주한다.

Time for a Break

📺 Emoticon (이모티콘)

이모티콘은 사람의 감정을 기호로 표현하는 데 사용됩니다. 영어 이모티콘은 우리의 이모티콘과 보는 방향이 다른데요. 고개를 돌려 옆으로 보세요.^^

:)	**happy** (행복해)	:-&	**secret** (비밀)
: D	**laughing** (웃음)	O:-)	**angel** (천사)
:-(	**sad** (슬퍼)	@}-; '--	**rose** (장미)
:-O	**shocked** (충격)	:-l	**hmm** (흠)

Unit 02 품사 1

01 품사란 무엇인가?

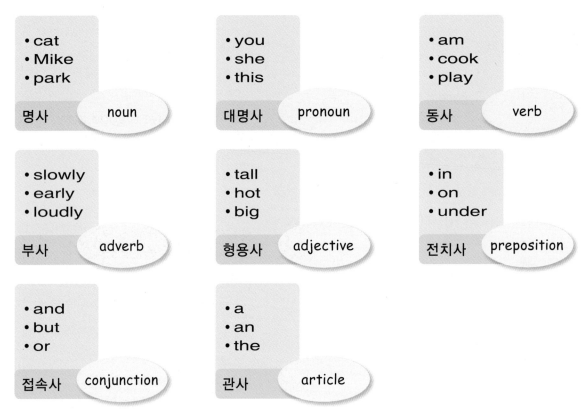

- cat
- Mike
- park

명사 noun

- you
- she
- this

대명사 pronoun

- am
- cook
- play

동사 verb

- slowly
- early
- loudly

부사 adverb

- tall
- hot
- big

형용사 adjective

- in
- on
- under

전치사 preposition

- and
- but
- or

접속사 conjunction

- a
- an
- the

관사 article

1 단어들을 뜻과 성질에 따라 분류한 이름을 **품사**라 합니다.

2 즉, 품사란 문장에서 단어가 문법적으로 어떤 역할을 하느냐에 따라 분류한 것입니다.

02 명사

1 세상 모든 것들에는 사람들이 부르기로 약속한 이름이 있는데, 이것을 바로 **명사**라고 합니다.

예 piano (피아노) water (물) James (제임스) Korea (한국) money (돈) happiness (행복)

2 명사는 사람, 동물, 장소, 물질, 보이지 않는 것 등의 이름을 나타내는 말입니다.

예 사람 이름: Anna (애나), Sam (샘), Alice (앨리스)...

동물 이름: cat (고양이), rabbit (토끼), snake (뱀), mouse (쥐)...

장소 이름: school (학교), market (시장), playground (운동장), house (집)...

물질 이름: bread (빵), sugar (설탕), salt (소금)...

보이지 않는 것의 이름: happiness (행복), love (사랑), peace (평화)...

PRACTICE 1

WB 4쪽

1 다음 그림에 알맞은 명사를 〈보기〉에서 골라 쓰세요.

보기
cat   mouse   park   run   sit
sad   sister   Mario   chair

❶ ➡ _____

❷ ➡ _____

❸ ➡ _____

❹ ← (2)

(1) ➡ ➡ (1) _____ (2) _____

도움말

1 명사는 사람이나 사물의 이름에 해당하는 단어(들)입니다. 그림과 관계된 모든 단어를 찾는 것이 아니라 명사에 해당하는 단어를 찾아 쓰니다.

WB 4쪽

2 밑줄 친 단어 중 명사에 해당하는 것을 모두 찾아 박스에 쓰세요.

I have a dog. His name is Dinky. He likes balls. He plays with balls. Look at Dinky. He is so lovely. Mom is over there. She is making a cake. I like it very much.

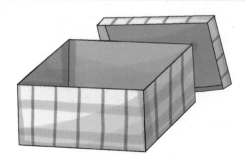

2 Dinky는 나의 개 이름이므로 명사에 해당합니다.

01 대명사

사람/사물				
명사	Dad	sister	piano	Peter and Tim
대명사	he	she	it	they

1 명사(사물을 부르는 이름)를 대신해서 쓰는 말을 **대명사**라고 합니다.

2 대명사로는 I(나), you(너), we(우리), she(그녀), he(그), they(그들), it(그것), this(이것), that(저것) 등이 있습니다.

02 동사

1 움직임이나 동작, 또는 상태를 나타내는 말을 **동사**라고 합니다.

2 움직임이나 동작을 나타내는 동사들은 매우 다양합니다.
예) go(가다) cook(요리하다) speak(말하다) get up(일어나다) run(달리다)

3 주어와 주어의 상태를 나타내는 말을 이어 주는 역할을 하는 동사들도 있습니다.
예) am, are, is(~이다)

bring

make

taste

> Dad makes lunch. I taste the soup. Mom brings a chocolate cake. I am happy.
> 아빠는 점심을 만드신다. 나는 수프를 맛본다. 엄마는 초콜릿 케이크를 가져오신다. 나는 행복하다.
> (make: 만들다, taste: 맛보다, bring: 가져오다, am: ~이다)

WB 5쪽

1 〈보기〉에서 괄호 안의 품사에 해당하는 단어를 골라 넣어 이야기를 완성하세요.

정답과 해설 4~5쪽

보기
| they | it | market | shout |

Mom and I go to the
① _____ (명사).
우리는 시장에 간다.

There are many people at the market.
시장에는 많은 사람들이 있다.

② _____ (대명사) **③** _____
(동사), "Buy this!"
그들이 "이것을 사세요!"라고 외친다.

We eat *tteokbokki.*
④ _____ (대명사) is delicious.
우리는 떡볶이를 먹는다. 그것은 맛이 있다.

도움말

1 명사는 사람이나 사물의 이름에 해당하는 것이고, 대명사는 명사를 대신하여 쓰인 것입니다.

WB 5쪽

2 〈보기〉에서 알맞은 단어를 골라 넣어 문장을 완성하고, 해석을 참고하여 괄호 안에는 품사를 쓰세요.

보기
| wash | they | it | is |

① This is my book. _____ is very funny. (   )
이것은 나의 책이다. 그것은 매우 재미있다.

② Dad and Mom _____ the car. (   )
아빠와 엄마는 그 차를 닦으신다.

③ David and Jessy sing together. _____ sing very well.
David와 Jessy는 함께 노래한다. 그들은 노래를 매우 잘한다.   (   )

2 동사는 동작이나 상태를 나타내는 말입니다.

Grammar in Real Life

● 실생활 대화를 통해 배운 문법을 확인해 보세요.

I want to ❶ _____ a hamburger.
(나는 햄버거를 먹고 싶어.)

A cheese burger or
a bacon burger?

❷ I like a cheese burger.

Look! ❸ _____ speak so loudly.
(저들은 매우 시끄럽게 말해.)

Let's go to the park.

1 위 대화의 ❶, ❸에 들어갈 말을 쓰고, 괄호 안에는 그것의 품사를 쓰세요.

❶ _____ (   )   ❸ _____ (   )

2 문장 ❷의 품사를 구별하여 연결하세요.

<u>I</u>   <u>like</u>   a   <u>cheese burger.</u>
•   •   •

•   •   •

대명사	명사	동사

3 아래 단어들 중 적절한 것을 골라 질문에 대한 답을 완성하세요.

Q: Where are they?

➡ They _____ at a fast-food restaurant. They _____ burgers.

buy

are   speak   park

기억하기

1. 품사란 문장에서 단어가 문법적으로 어떤 역할을 하느냐에 따라 분류한 것이다.

2. 명사는 사람, 동물, 장소, 물질, 보이지 않는 것 등의 이름을 나타내는 말이다.

3. 대명사는 명사(사물을 부르는 이름)를 대신해서 쓰는 말이다.

4. 동사는 움직임이나 동작, 또는 상태를 나타내는 말이다.

단어	I	love	waffles	.
품사	대명사	동사	명사	마침표

Time for a Break

Customer: Waiter, this lobster's only got one claw.

Waiter: I expect he's been in a fight, sir.

Customer: Well, then, please bring me the winner!

손님 : 웨이터, 이 가재는 발이 하나 밖에 없는데요.

종업원 : 손님, 그 녀석이 싸운 것 같은데요.

손님 : 그러면 이긴 녀석으로 가져와요.

01 형용사

형용사 +명사	sweet cocoa 달콤한 코코아	fresh vegetable 신선한 채소	hot summer 뜨거운 여름	happy face 행복한 얼굴
명사	cocoa	vegetable	summer	face
형용사	sweet	fresh	hot	happy

1 '큰', '작은', '귀여운'처럼 명사를 좀 더 자세하게 설명해 주는 말을 **형용사**라고 합니다.

   예 big(큰)   small(작은)   cute(귀여운)   hot(뜨거운)   cold(추운)   beautiful(아름다운)

2 형용사는 문장 구성 요소 중 명사를 꾸며 주는 수식어구에 해당합니다.

02 부사

동사 +부사	run fast 빨리 뛰다	sing loudly 큰 소리로 노래하다	get up early 일찍 일어나다	go slowly 천천히 가다
동사	run	sing	get up	go
부사	fast	loudly	early	slowly

1 '빨리', '멋지게', '친절하게'처럼 동사나 형용사를 더 자세하게 설명해 주는 말을 **부사**라고 합니다.

   예 early(일찍, 이르게)   quietly(조용하게)   slowly(천천히)   kindly(친절하게)

2 부사는 문장 구성 요소 중 동사나 형용사를 꾸며 주는 수식어구에 해당합니다.

 **여기서 잠깐!**

> 부사는 다른 부사나 문장 전체를 꾸며 주는 역할을 하기도 합니다.

PRACTICE 1

정답과 해설 5∼6쪽

WB 6쪽

1 빈칸에 명사를 자세히 설명하는 말을 〈보기〉에서 골라 쓰세요.

보기
big   high   hot   small

❶ _____ desert 뜨거운 사막   ❷ _____ speed 고속, 빠른 속도

❸ _____ city 큰 도시   ❹ _____ town 작은 마을

도움말

1 형용사는 주로 명사 앞에서 그 명사를 꾸며 주어 그 의미를 자세하게 해 줍니다.

WB 6쪽

2 〈보기〉에서 알맞은 단어를 골라 넣어 문장을 완성하고, 괄호 안에는 품사를 쓰세요.

보기
slowly   loudly   hard   cold   lovely

❶ I have a test tomorrow. I need to study _____.
( )

❷ My pet, Dodo, is a _____ cat. ( )

❸ I have a lot of time, so I walk _____. ( )

❹ It's so hot. I want _____ drinks. ( )

❺ The baby cries _____. ( )

2 동사의 의미를 자세하게 해 주거나 동사에 의미를 추가해 주는 말은 부사, 명사의 의미를 자세하게 꾸며 주는 말은 형용사입니다.

01 전치사

Bob goes... school... school bus.
➡ Bob이 간다 학교 학교버스??

Alice is ... the school bus.
➡ Alice가 스쿨버스라고??? 뭐가 빠진 거지?

1 명사 앞에서 문장의 뜻을 분명하게 해주는 말을 **전치사**라고 합니다.

예 in(~안에) on(~위에) by(~로) under(~아래) at(~에) to(~로, ~에게)

2 위 그림의 문장들에 전치사를 넣어 주면 그 의미가 분명해집니다.

예 Bob goes... school... school bus.

➡ Bob goes to school by school bus. Bob은 스쿨버스를 타고 학교에 간다.

Alice is ... the school bus.

➡ Alice is in the school bus. Alice는 스쿨버스 안에 있다.

02 접속사

1 단어나 문장을 연결시켜 주는 말을 **접속사**라고 합니다.

2 접속사는 단어와 단어 또는 문장과 문장을 이어 주는 접착제 역할을 합니다.

예 and(그리고) but(그러나) or(또는) so(그래서)

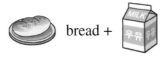

bread + milk ➡ bread and milk 빵과 우유

예 Tim is short, but Crystal is tall. Tim은 작지만, Crystal은 크다.

PRACTICE 2

정답과 해설 6~7쪽

1 〈보기〉에서 알맞은 단어를 골라 넣어 문장을 완성하고, 괄호 안에는 품사를 쓰세요.

> 보기
>
> by (~로)   under (~아래)   and (그리고)

❶ There is a bench _____ the tree.
(   )

❷ Carol _____ Jenny are friends.
(   )

❸ I go to school _____ bike.
(   )

2 〈보기〉에서 괄호 안의 품사에 해당하는 단어를 골라 넣어 이야기를 완성하세요.

> 보기
>
> to   and   but   in

This is my hometown. We have a theater, a library, a hospital, ❶_____ (접속사) a bookstore. I go ❷_____ (전치사) the library. I read books, ❸_____ (접속사) I don't study there. My family take a walk ❹_____ (전치사) the park.

Grammar in Real Life

정답과 해설 7쪽

● 실생활 대화를 통해 배운 문법을 확인해 보세요.

1. Put the pan ❶ _____ the stove.
2. Turn on the stove.

3. ❷ Put fresh eggs and oil into the pan.

4. 계란 위에 치즈와 베이컨을 올리 세요.
5. Turn off the stove.

1 빈칸 ❶에 '~ 위에'라는 뜻을 갖는 전치사를 쓰세요.

➡ _____

2 문장 ❷의 품사를 구별하여 연결하세요.

Put fresh eggs and oil into the pan.
• • • • •

• • • • •
동사 명사 형용사 전치사 접속사

3 위 요리법에서 4번에 해당하는 표현을 〈보기〉 단어들을 이용하여 완성하세요.

보기   bacon on and cheese

➡ Add _____ _____ _____ _____ the eggs.

기억하기

① 형용사는 명사를 좀 더 자세히, 부사는 동사나 형용사의 의미를 더 자세히 설명해 주는 말이다.

② 전치사는 명사 앞에서 문장의 의미를 분명하게 만들어 주고, 접속사는 단어나 문장들을 연결해 주는 말이다.

③ 단어의 뜻과 품사

단어	puppy	has	very	cute	a	Paul
뜻	강아지	가지다	매우	귀여운	하나	Paul
품사	명사	동사	부사	형용사	관사	명사
문장	Paul has a very cute puppy. Paul은 아주 귀여운 강아지를 가지고 있다.					

Time for a Break

각 나라의 대표 음식들

I. 미국: burger(버거)

2. 프랑스: escargot(에스카르고)

3. 스페인: paella(빠에야)

4. 그리스: moussaka(무사카)

5. 일본: sushi(스시)

6. 영국: fish and chips(피시 앤 칩스)

Chapter II 명사

선생님, 명사가 뭐예요?

음, 명사(名詞)는 이름이에요. 사람, 동물, 물건의 이름을 나타내는 말이지.

'책상', '의자', '칠판'이 명사네요.

그렇지. 참 잘 아는구나. 명사는 '셀 수 있는 명사'와 '셀 수 없는 명사'로 구분해. 예를 들어, '농구공'은 셀 수 있는 명사지.

'농구공 한 개', '농구공 두 개' 이렇게 셀 수 있다는 거죠. 그런데 셀 수 없는 명사엔 뭐가 있죠?

'물', '우유'는 셀 수 없는 명사야.

물이나 우유는 셀 수 없죠. 그래도 물 한 병, 우유 한 잔 이렇게 세지 않나요?

좋은 지적이네. 셀 수 없는 명사는 그것을 담을 수 있는 그릇이나 단위를 이용해서 센단다.

인칭대명사에 대해서도 알려 주세요.

인칭대명사는 사람이나 사물을 대신하는 말이야. 우리말에서도 '나', '너', '그', '그녀', '그것', '우리'라고 대신하는 말을 사용하지?

네. 그럼 지시대명사는요?

지시대명사는 '이것', '저것'처럼 가리키는 말이야. 가까이 있는 물건은 '이것', 멀리 있는 물건은 '저것'이라고 가리키면서 말하는 거지.

명사

명사(Noun)

셀 수 있는 명사와 셀 수 없는 명사로 구분합니다. 셀 수 있는 명사는 a, an이나 수를 나타내는 말로, 셀 수 없는 명사는 그것을 담는 용기나 재는 단위로 수량을 나타냅니다.

명사와 대명사

명사는 사람, 동물, 사물의 이름을 나타내는 말입니다.
인칭대명사는 사람, 동물, 사물을 대신 가리키는 말입니다.
지시대명사는 가까이 있거나 멀리 있는 사물을 대신 가리키는 말입니다.

인칭대명사(Personal Pronoun)

'나', '너', '우리'와 같이 사람을 가리키는 말입니다. 주어의 역할, 목적어의 역할, 소유의 의미를 나타내는 역할을 합니다.

지시대명사(Demonstrative Pronoun)

가까이 있는 물건이 단수이면 this, 복수이면 these로 말합니다. 멀리 있는 물건이 단수이면 that, 복수이면 those로 말합니다.

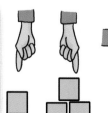

that

this

these

those

Unit 04 셀 수 있는 명사

01 셀 수 있는 명사

단수명사	복수명사
a basketball one basketball	three basketballs

1 셀 수 있는 물건, 동물, 사람을 나타내는 말입니다.

2 a, an이나 수를 표현하는 말(one, two, three…)과 함께 씁니다.

02 단수명사

a + 자음 발음으로 시작하는 명사	an + 모음 발음으로 시작하는 명사
a boy a cap a desk	an ant an elephant an island

1 한 개인 명사를 단수명사라고 하며 항상 a, an이나 one과 함께 사용합니다.

2 자음 발음으로 시작하는 명사에는 a, 모음 발음으로 시작하는 명사에는 an을 씁니다.

여기서 잠깐!

영어 알파벳에는 21개의 자음과 5개의 모음이 있습니다. 하지만 a, an을 붙일 때는 알파벳 철자가 아니고, 발음이 자음인지 모음인지에 따라서 a, an을 붙입니다. 시작하는 철자는 자음이지만 발음은 모음인 경우에는 an을 붙입니다.

예 an MP3 player   an hour

자음(consonants)	모음(vowels)
b c d f g h j k l m n p q r s t v w x y z	a e i o u

PRACTICE 1

WB 8쪽

1 모음으로 소리 나는 철자에 모두 동그라미를 그리세요.

❶ candy　　❷ school　　❸ apple　　❹ snake

1 우리말에 '아, 에, 이, 오, 우'에 해당하는 말이 모음이고, 그 외 소리는 자음입니다.

🐢 도움말

WB 8쪽

2 a, an 중에서 알맞은 것을 빈칸에 쓰고, 알맞은 그림과 연결하세요.

❶ _____ egg ·　　· ⓐ

❷ _____ igloo ·　　· ⓑ

❸ _____ girl ·　　· ⓒ

❹ _____ airplane ·　　· ⓓ

❺ _____ lion ·　　· ⓔ

❻ _____ chair ·　　· ⓕ

❼ _____ cook ·　　· ⓖ

❽ _____ basket ·　　· ⓗ

❾ _____ clock ·　　· ⓘ

❿ _____ eraser ·　　· ⓙ

2 자음으로 발음되는 명사 앞에는 a를 쓰고, 모음으로 발음되는 명사 앞에는 an을 씁니다.

01 복수명사 만들기

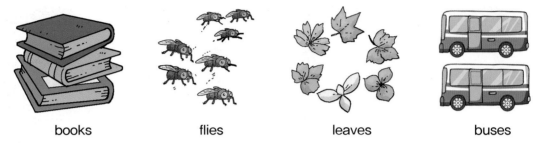

books   flies   leaves   buses

1 규칙 변화: 명사에 -s, 또는 -es를 붙여서 만듭니다.

만드는 법		예	
대부분의 명사	+-s	book → books	key → keys
〈자음+y〉로 끝나는 명사	y → i+ -es	baby → babies	story → stories
-x, -s, -sh, -ch로 끝나는 명사	+-es	fox → foxes dish → dishes	bus → buses church → churches
-f(e)로 끝나는 명사	f(e) → ves	wife → wives	leaf → leaves
	f → ves/fs	dwarf → dwarves / dwarfs	
	f → fs	chef → chefs	chief → chiefs
-o로 끝나는 명사	+-s	radio → radios photo → photos piano → pianos cello → cellos zoo → zoos kilo → kilos kangaroo → kangaroos	
	+-es	tomato → tomatoes hero → heroes potato → potatoes	
	+-s/-es	mosquito → mosquitoes / mosquitos	

2 불규칙 변화: 명사의 형태가 일부 바뀌거나, 단수명사와 형태가 같은 경우도 있습니다.

만드는 법	예	
모음만 바뀌는 경우	man → men foot → feet	woman → women tooth → teeth
단어의 형태가 일부 바뀌는 경우	child → children mouse → mice	ox → oxen
단수, 복수 형태가 같은 경우	fish → fish deer → deer	sheep → sheep

PRACTICE 2

정답과 해설 8쪽

1 그림을 보고, 〈보기〉에서 알맞은 말을 고르세요.

보기 | dishs   dishes   dresss   dresses   cellos   celloes
trees   treees   bananas   bananaes   cherryes   cherries

❶

three _____

❷

five _____

❸

three _____

❹

two _____

❺

two _____

❻

five _____

2 그림과 일치하는 표현을 연결하세요.

❶

❷

❸

❹

❺

- a foot
- three children
- four glasses
- a fish
- ten oxen
- a glass
- four feet
- five fish
- an ox
- a child

도움말

1 명사의 복수형을 만들 때는 대개 -s를 붙입니다. 〈자음+y〉로 끝나는 단어는 y를 i로 고치고 -es를 붙이고, -sh나 -s로 끝나는 단어는 대개 -es를 붙입니다.

2 복수형을 만들 때 명사의 일부 형태가 달라지거나 형태가 바뀌지 않는 명사도 있습니다.

셀 수 있는 명사의 단수형은 a, an과 함께 쓰고, 복수형은 수를 나타내는 말과 함께 씁니다.

Unit 04 셀 수 있는 명사 • **33**

Grammar in Real Life

● 실생활 대화를 통해 배운 문법을 확인해 보세요.

1 ❶의 우리말과 일치하도록 문장을 완성하세요. 단, 각 바구니에서 필요한 단어를 하나씩만 선택하세요.

➡ I have _____.

2 ❷의 우리말과 일치하도록 괄호 안의 단어를 바르게 배열하세요. 단, 불필요한 단어 하나를 빼고 쓰세요.

➡ _____? (apple, want, do, an, you, a)

3 위 만화를 보고, 〈보기〉에서 알맞은 말을 찾아 글을 완성하세요. 한 칸에 한 단어씩 쓰고, 각 단어는 한 번씩만 사용하세요.

> 보기 people witch witches a an two dwarf dwarves

There is a princess in the forest. She is Snow White. _____ _____ is standing next to her. The witch is a bad person. There are _____ _____ behind the tree. They are good _____. They want to help Snow White.

Wrap Up

1 셀 수 있는 명사는 우리가 셀 수 있는 것의 이름이다.

five flowers
an umbrella
two birds
four apples
two boxes
a bear

2 셀 수 있는 명사는 단수형과 복수형이 있다.

단수형		복수형	
a / an, 숫자 one과 함께 쓴다.		주로 two, three 등 수를 나타내는 말과 함께 쓴다.	
a ball one ball	an apple one apple	balls two balls	apples two apples
a dress one dress	a sock one sock	dresses two dresses	socks two socks

Time for a Break

A ~ Z로 시작하는 동물 이름들입니다. 알파벳 철자 중 딱 한 가지만 그 철자로 시작하는 동물이 없네요. 찾아보세요.

alligator bear camel dolphin elephant fish giraffe hippo insect jellyfish kangaroo lion monkey

newt owl penguin queen bee raccoon seal tiger unicorn viper whale yak zebra

Unit 05 셀 수 없는 명사

Basic Concept 1

01 셀 수 없는 명사

	셀 수 있는 명사(a boy, boys)	셀 수 없는 명사(water)
a, an의 사용	○	×
복수형	○	×
종류	사람, 사물, 동물을 나타내는 말	물질명사, 추상명사, 고유명사

1 **셀 수 없는 명사**는 형태가 일정하지 않아서 '한 개', '두 개'라고 셀 수 없는 명사들입니다.

2 셀 수 없는 명사는 a, an과 함께 쓰지 않고 복수형도 없습니다.
- I don't have money. 나는 돈이 없다.
  The boy is drinking orange juice. 소년은 오렌지 주스를 마시고 있다.

3 **물질명사**는 형태가 일정하지 않은 물질을 가리키는 말입니다.
- We use flour, eggs, milk, butter to make bread.
  우리는 빵을 만들기 위해 밀가루, 달걀, 우유, 버터를 사용한다.

4 **추상명사**는 추상적인 개념을 나타내는 말입니다.
- Everyone wants peace. 모든 이가 평화를 원한다.

5 **고유명사**는 나라 이름, 도시 이름, 사람 이름처럼 고유한 이름을 나타냅니다.
- Seoul is the biggest city in Korea. 서울은 한국에서 가장 큰 도시이다.

02 물질명사

| milk | sugar | pizza | chocolate | cake |

1 물질명사는 셀 수 없고, a, an과 함께 쓰지 않습니다.

2 물질명사의 예외: paper는 물질명사이지만 a paper로 쓰이는 경우도 있습니다. a paper는 '신문'을 뜻합니다. pizza나 cake의 경우에도 a pizza는 '피자 한 판', a cake는 '온전한 하나의 케이크'를 뜻합니다.

PRACTICE 1

정답과 해설 9쪽

1 셀 수 있는 명사는 로켓 메모에, 셀 수 없는 명사는 치즈 메모에 쓰세요.

Mt. Everest	onion	honey	Harry Potter	meat
hamburger	fruit juice	love	car	friendship

도움말

1 물질명사는 형태가 일정하지 않아 셀 수 없는 명사에 해당합니다. 추상명사와 고유명사도 셀 수 없는 명사입니다.

2 단어와 그 의미에 알맞은 그림을 연결하세요.

2 몇몇 물질명사 앞에 a나 an을 쓰는 경우에는 뜻이 달라집니다.

❶ a paper • • ⓐ

❷ a piece of paper • • ⓑ

❸ a cake • • ⓒ

❹ a piece of cake • • ⓓ

❺ a pizza • • ⓔ

❻ a piece of pizza • • ⓕ

01 물질명사의 수량 표현 1

수량 표현		물질명사
a cup of	two cups of	tea, coffee
a carton of	two cartons of	milk, fruit juice
a jar of	two jars of	jam, honey

1 물질명사를 담는 용기로 수량을 표현합니다.

예 **I drink** a glass of orange juice **for breakfast.** 나는 아침으로 오렌지 주스 한 잔을 마신다.

2 〈숫자 + 용기 + of + 물질명사〉의 형태로 씁니다.

3 용기 자체는 셀 수 있으므로 두 개 이상이면 용기를 복수형으로 씁니다.

예 **There are** two bottles of Coke **in the box.** 상자에 콜라 두 병이 있다.

02 물질명사의 수량 표현 2

a loaf of **bread**	a bar of **soap**	a slice of **cheese** / a piece of **cheese**
a kilo of **meat**	a bar of **chocolate**	a sheet of **paper** / a piece of **paper**

1 물질명사의 형태를 나타낸 말로 수량을 나타냅니다.

예 **Can you get me** a loaf of bread? 빵 한 덩어리 사다 줄 수 있어요?

2 물질명사를 세는 단위로 수량을 나타내기도 합니다.

예 **Put** ten grams of sugar **in it.** 그 안에 설탕 10그램을 넣으세요.

WB 11쪽

1 주어진 단어 카드들 중에서 필요한 말을 활용하여 〈보기〉와 같이 그림을 표현하세요.

| bottle | glass | cup | bowl | carton |

보기

a bowl of cereal

❶ two _____ of orange juice

❷ _____ _____ _____ hot chocolate

❸ _____ _____ apple juice

❹ _____ _____ _____ water

WB 11쪽

2 그림에 알맞은 표현에 ✓표 하세요.

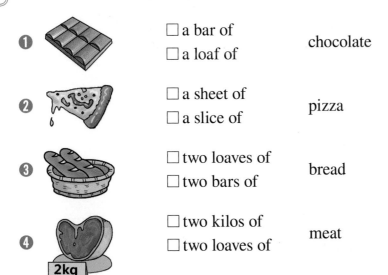

❶ ☐ a bar of / ☐ a loaf of   chocolate

❷ ☐ a sheet of / ☐ a slice of   pizza

❸ ☐ two loaves of / ☐ two bars of   bread

❹ ☐ two kilos of / ☐ two loaves of   meat

2kg

Grammar in Real Life

정답과 해설 10~11쪽

● 실생활 대화를 통해 배운 문법을 확인해 보세요.

We are going to make an easy breakfast.

Great. What do we need?

우유 한 팩과 시리얼 한 그릇이 필요합니다.

1 위 만화 속 우리말과 일치하도록 요리사의 말풍선에 들어갈 말을 완성하세요.

We need a carton of milk and _____.

2 다음은 위 만화 물음표에 숨은 요리 재료들입니다. 요리사의 말을 참고하여 두 재료를 소개해 보세요.

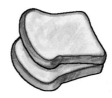

➡ _____

3 위 그림의 내용과 일치하도록 다음 대화를 완성하세요.

A: What are the cook and the boys going to do today?

B: _____

기억하기

1 셀 수 없는 명사에는 물질명사, 추상명사, 고유명사가 있다.

	셀 수 있는 명사	셀 수 없는 명사
a, an의 사용	○	×
복수형	○	×
종류	사람, 사물, 동물을 나타내는 말	물질명사, 추상명사, 고유명사

2 물질명사의 수량 표현

용기	형태, 세는 단위
a bowl of rice a cup of coffee a bottle of water a carton of milk a glass of orange juice a jar of honey a can of Coke a box of cereal	a bar of soap[chocolate] a slice of cheese[ham] a piece of pizza[cake] a loaf of bread a kilo of sugar a sheet of paper[blanket]

Time for a Break

한국에서 사용하는 단위와 미국에서 사용하는 단위는 서로 다릅니다.

	🇰🇷 Korea	🇺🇸 America
돈	원(won)	달러(dollar), 센트(cent)
온도	섭씨(℃, Celsius)	화씨(℉, Fahrenheit)
액체	리터(L)	갤런(gal)=약 3.78리터

Unit 06 There is/are — Basic Concept 1

01 명사의 수나 양을 나타내는 말

	셀 수 있는 명사	셀 수 없는 명사
some/any	some/any monkeys	some/any orange juice
many/much	many dogs	much water

1 some/any, many/much는 명사의 양이나 수를 나타내는 말입니다.

2 some/any는 '약간의', '조금의'라는 뜻으로 셀 수 있는 명사나 셀 수 없는 명사와 함께 씁니다. some은 긍정문에, any는 부정문과 의문문에 씁니다.

　예) I have some apples, but I don't have any oranges.　나에겐 사과가 몇 개 있지만, 오렌지는 한 개도 없다.

3 many/much는 '많은'이라는 뜻으로 many는 복수명사와 함께, much는 셀 수 없는 명사와 함께 씁니다.

> 여기서 잠깐!
>
> some이 권유나 요청의 의미를 나타내는 의문문에 사용되는 경우도 있습니다.
> Would you like some cake? 케이크를 좀 드시겠어요? <권유>
> Can I have some water? 제가 물을 좀 마실 수 있을까요? <요청>

02 There is + 단수명사/셀 수 없는 명사

There is a rabbit. He is looking at his watch.
토끼 한 마리가 있다. 그는 그의 시계를 보고 있다.

1 '~가 있다'를 나타낼 때 There is 뒤에는 단수명사나 셀 수 없는 명사가 옵니다.

2 〈There is + 단수명사〉의 경우 a, an, one을 반드시 함께 씁니다.

　예) **There is** a cat in the hat.　모자 속에 고양이 한 마리가 있다.

3 〈There is + 셀 수 없는 명사〉의 경우 some이나 any를 함께 쓸 수 있습니다.

　예) **There is** some meat on the table.　탁자 위에 약간의 고기가 있다.

PRACTICE 1

1 괄호 안에서 알맞은 말을 고르세요.

①

②

③

④

① (Many / Much) children like ice cream.

② He doesn't have (many / much) time.

③ My library has (some / any) books.

④ We don't have (some / any) milk.

2 그림을 보고, a, an, some 중 하나를 사용하여 문장을 완성하세요.

On the kitchen table,

① there _____ _____ _____.

② there _____ _____ _____.

③ there _____ _____ _____.

④ _____ _____ _____ _____.

⑤ _____ _____ _____ _____.

도움말

1 many는 셀 수 있는 명사와 함께, much는 셀 수 없는 명사와 함께 씁니다.
some은 긍정문에, any는 부정문, 의문문에 씁니다.

2 there is는 단수명사나 셀 수 없는 명사와 함께 씁니다.

01 There are + 복수명사

There are some books.
They are thick.
몇 권의 책이 있다. 그것들은 두껍다.

1 '~가 있다'를 나타낼 때 There are 뒤에는 항상 복수명사가 옵니다.
> 예) **There are** three children. 세 명의 아이들이 있다.

2 수량을 나타내는 some, many와 함께 쓸 수 있습니다.
> 예) **There are** some flowers. 약간의 꽃들이 있다.
>
> **There are** many people. 많은 사람들이 있다.

02 There is / are와 장소를 나타내는 말

There are many things in her suitcase.
She can't close it.
그녀의 여행 가방 안에는 많은 물건들이 있다.
그녀는 그것을 닫을 수가 없다.

1 〈There is / are + 명사〉 뒤에는 장소를 나타내는 말을 함께 씁니다.
> 예) **There is** a bed in the room. 방 안에 침대가 한 개 있다.

2 in은 '~속에[안에]', on은 '~위에', under는 '~의 아래에'라는 뜻입니다.
> 예) **There are** some flowers in the vase. 꽃병 속에 꽃이 몇 송이 있다.
>
> **There is** a lamp on my desk. 내 책상 위에 전등이 한 개 있다.
>
> **There is** a cat under the sofa. 소파 아래에 고양이 한 마리가 있다.

PRACTICE 2

WB 13쪽

정답과 해설 11~12쪽

1 그림을 보고, 괄호 안의 단어를 이용하여 우리 마을을 소개하는 글을 완성하세요.

In my neighborhood,

  there is a swimming pool.

❶ there is _____. (police station)

❷ there _____. (library)

❸ there _____. (bakery)

❹ _____. (restaurant)

WB 13쪽

2 그림을 보고, 고양이가 각각 어디에 있는지 〈보기〉와 같이 쓰세요.

보기

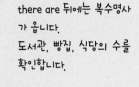
There is a ball on the table.

❶ ❷ ❸ ❹

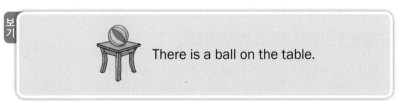

❶ _____

❷ _____

❸ _____

❹ _____

도움말

1 there is 뒤에는 단수명사,
there are 뒤에는 복수명사
가 옵니다.
도서관, 빵집, 식당의 수를
확인합니다.

2 위치를 표현하는 말에는
on(~위에), in(~안에),
under(~아래에) 등이 있습
니다.

Grammar in Real Life

정답과 해설 12~13쪽

● 실생활 대화를 통해 배운 문법을 확인해 보세요.

1 위 그림의 내용과 일치하도록 밑줄 친 부분을 바르게 고쳐 다시 쓰세요.

❶ There is a pillow <u>under</u> the table.

➡ _____

❷ There <u>is a dress</u> on the bed.

➡ _____

2 위 그림을 보고, 다음 질문에 완전한 문장으로 답하세요.

❶ Q: How many dolls are there in the room?

➡ _____

❷ Q: How many basketballs are there under the table?

➡ _____

3 위 그림을 보고, Jenny의 방을 묘사하는 글을 완성하세요.

   In Jenny's bedroom, _____ _____ a family photo on the wall. There is a bed, a shelf, and a basket, too. There is _____ _____ under the bed. _____ _____ _____ _____ on the shelf. There are many comic books _____ _____ _____.

기억하기

1 some/any, many/much로 명사의 수량을 나타낼 수 있다.

	셀 수 있는 명사	셀 수 없는 명사
some/any (약간의, 조금의)	some books any books	some milk any milk
many/much (많은)	many children	much time

2 〈There is/are+명사+장소를 나타내는 말〉을 사용하여 '~에 …가 있다'라는 뜻으로 그림의 상황 또는 어떤 장면을 묘사할 수 있다.

There is	단수명사/ 셀 수 없는 명사	in/on/under+장소 명사
There are	복수명사	

Time for a Break

Memory Game

빈센트 반 고흐의 작품을 보고, 여러분의 기억력을 테스트해 보세요.

Vincent's Bedroom at Arles, Vincent van Gogh, 1888

테스트 방법
1. 30초 동안 그림을 봅니다.
2. 아래와 같이 생각나는 사물을 넣어 문장을 말합니다.
   There is a bed in the room.

01 인칭대명사

		1인칭	2인칭	3인칭
단수		나	너, 당신	그, 그녀, 그것
복수		우리들	너희들, 당신들	그들

1 **인칭대명사**는 사람이나 사물을 대신하는 말로, 말하는 사람을 기준으로 말하는 사람은 1인칭, 듣는 상대방은 2인칭, 그리고 그 외 나머지는 3인칭입니다.

2 가리키는 대상이 하나이면 단수 형태로, 둘 이상이면 복수 형태로 씁니다.

3 문장에서 인칭대명사가 하는 역할에 따라 주격, 목적격, 소유격 그리고 소유대명사로 나뉩니다.

02 주격과 목적격

		주격		목적격	
단수	1인칭	I	나는	me	나를
	2인칭	you	너는	you	너를
	3인칭	he / she / it	그는 / 그녀는 / 그것은	him / her / it	그를 / 그녀를 / 그것을
복수	1인칭	we	우리들은	us	우리들을
	2인칭	you	너희들은	you	너희들을
	3인칭	they	그들은	them	그들을

1 인칭대명사의 주격은 문장에서 주어로만, 목적격은 목적어로만 쓰입니다.

2 주격은 '~은, ~는, ~가'라는 뜻이며, 목적격은 '~을, ~를'이라는 뜻입니다.

예 I go to school. 나는 학교에 갑니다.   I like you. 나는 너를 좋아해.

정답과 해설 13쪽

WB 14쪽

1 말풍선에 알맞은 인칭대명사를 골라 쓰세요.

he
we
they
it
I
you
she
you

1 인칭대명사는 말하는 '나', 듣는 상대방, 그리고 그 외 다른 사람이나 사물을 가리키는 말입니다.

WB 14쪽

2 인칭대명사 카드를 알맞게 분류하여 메모지에 쓰세요.

me
she
him
it
they
we
you

주격

them
I
you
us
her
it
he

목적격

2 인칭대명사 주격은 '~가, ~은, ~는'이라는 뜻을 가지며, 목적격은 '~을, ~를'이라는 뜻을 가집니다.

01 소유격

My backpack is red, but his backpack is blue.
내 배낭은 빨간색이지만, 그의 배낭은 파란색이다.

		주격		소유격	
단수	1인칭	I	나는	my	나의
	2인칭	you	너는	your	너의
	3인칭	he / she / it	그는 / 그녀는 / 그것은	his / her / its	그의 / 그녀의 / 그것의
복수	1인칭	we	우리들은	our	우리들의
	2인칭	you	너희들은	your	너희들의
	3인칭	they	그들은	their	그들의

1 인칭대명사의 소유격은 명사 앞에 쓰이며, 누가 무엇을 가지고 있는지를 나타냅니다.

2 인칭대명사 소유격은 '~의'라는 뜻을 가집니다.

3 명사의 소유격은 's(apostrophe s)를 붙여 만듭니다.

　예 It is my sister's hat. 그것은 나의 언니의 모자이다.

02 소유대명사

		소유격		소유대명사	
단수	1인칭	my	나의	mine	나의 것
	2인칭	your	너의	yours	너의 것
	3인칭	his / her / its	그의 / 그녀의 / 그것의	his / hers	그의 것 / 그녀의 것
복수	1인칭	our	우리들의	ours	우리들의 것
	2인칭	your	너희들의	yours	너희들의 것
	3인칭	their	그들의	theirs	그들의 것

1 소유대명사는 '~의 것'이라는 뜻으로 〈소유격+명사〉를 대신하여 쓸 수 있습니다.

　예 The red backpack is not his backpack. It's my backpack.

　➡ The red backpack is not his. It's mine. 빨간 배낭은 그의 것이 아니다. 그것은 나의 것이다.

2 명사의 소유대명사는 's를 붙여 만듭니다.

　예 Is this your bag? 이것은 너의 가방이니?

　　－No, it's not mine. It's Sumi's. 아니요, 그것은 제 것이 아니에요. 그것은 수미의 것이에요.

WB 15쪽

1 인칭대명사의 소유격을 이용하여 문장을 완성하세요.

❶

They are twins.
_____ names are Tom and Jake.

❷

Ann is washing _____ hands.
They are very dirty.

❸

My father is a writer.
This is _____ computer.

❹

Could I have _____ cell phone number?

❺

I'm 12 years old today.
Today is _____ birthday.

도움말

1) 소유격은 '~의'라는 뜻입니다.

WB 15쪽

2 다음을 알맞은 소유대명사와 연결하세요.

❶ my book   •   • yours

❷ their car   •   • his

❸ your bicycle   •   • ours

❹ his cap   •   • hers

❺ her backpack   •   • theirs

❻ our house   •   • mine

2) 소유대명사는 '~의 것'이라는 뜻으로 <소유격+명사>를 대신합니다.

Grammar in Real Life

● 실생활 대화를 통해 배운 문법을 확인해 보세요.

A

나는 Ann이야.
나에게는 좋은 친구가 한 명 있어.
그녀의 이름은 Susan이야.
나는 그녀를 정말 좋아해.

B

❶ Me name is Mike.
I have two cute dogs.
❷ Them like ❸ I a lot.
I love ❹ theirs, too.

1 A 의 밑줄 친 우리말을 참고하여 우정에 관한 글을 완성하세요.

_____ am Ann.

I have a good friend.

_____ _____ is Susan.

I like _____ very much.

2 B 의 밑줄 친 ❶~❹는 잘못 쓰였습니다. 바르게 고쳐 쓰세요.

❶ _____ ➡ _____   ❷ _____ ➡ _____

❸ _____ ➡ _____   ❹ _____ ➡ _____

3 A 와 B 를 참고로 인칭대명사를 사용하여 Tom의 글을 완성하세요.

_____ name is Tom.

I have a great dad.

_____ name is Peter Brown.

I love _____ and _____ loves me, too.

_____ go fishing together.

52 ·EBS 기초 영문법 1

기억하기

1 인칭대명사는 사람 또는 사물을 나타내는 명사를 대신하는 말이다.

2 말하는 본인은 1인칭, 듣는 상대방은 2인칭, 그 외 나머지는 3인칭이다.

3 문장에서 하는 역할에 따라 주격, 목적격, 소유격, 소유대명사로 분류하며, 단수, 복수도 구별한다.

		주격	목적격	소유격	소유대명사
단수	1인칭	I	me	my	mine
	2인칭	you	you	your	yours
	3인칭	he / she / it	him / her / it	his / her / its	his / hers / -
복수	1인칭	we	us	our	ours
	2인칭	you	you	your	yours
	3인칭	they	them	their	theirs

Time for a Break

친구와 함께 인칭대명사 보드게임을 해 봅시다.

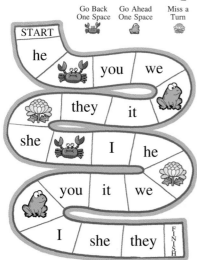

게임 방법
1. 가위바위보로 누가 먼저 할지 정하세요.
2. 동전의 앞면이 나오면 1칸, 뒷면이 나오면 2칸을 이동합니다.
3. 이동한 칸에 있는 인칭대명사의 목적격과 소유격을 말하세요. 성공하면 그 자리에 있고, 실패하면 원래 자리로 돌아가세요.
4. 먼저 FINISH에 도착한 사람이 이깁니다.

01 지시대명사

1 **지시대명사**란 특정한 사람이나 사물을 가리키는 말입니다.

2 말하는 사람을 기준으로 가까이 있는 사물이나 사람은 this, these로 가리킵니다.
   예) This is a clock. 이것은 시계이다.
   These are rabbits. 이것들은 토끼들이다.

3 멀리 있는 사람이나 사물을 가리킬 때는 that, those로 나타냅니다.
   예) That is a cat. 저것은 고양이이다.
   Those are my books. 저것들은 내 책들이다.

02 지시대명사의 종류

단수		복수	
this	이것	these	이것들
that	저것	those	저것들

1 사물을 가리키는 대명사로 3인칭에 해당합니다.

2 가리키는 것이 단수일 때는 this, that을, 복수일 때는 these, those를 사용합니다.
   예) This is an eraser. 이것은 지우개이다.   That is a doll. 저것은 인형이다.
   These are dolls. 이것들은 인형들이다.   Those are dolls. 저것들은 인형들이다.

3 this/that이 사람을 가리킬 때는 '이 사람', '저 사람'을 의미합니다.
   예) This is my father. 이 사람[이분]은 나의 아버지시다.
   That is Mr. Brown. 저 사람[저분]은 Brown 씨이다.

PRACTICE 1

정답과 해설 15쪽

WB 16쪽

1 this, that 중에서 알맞은 것을 화살표로 연결하세요.

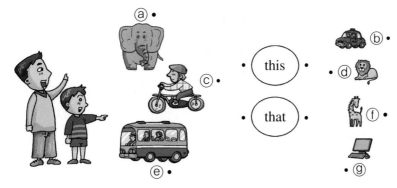

1 가까이 있는 것은 this, 멀리 있는 것은 that으로 가리킵니다.

WB 16쪽

2 그림을 보고, 알맞은 지시대명사를 사용하여 문장을 완성하세요.

2 this, that은 단수를, these, those는 복수를 가리킵니다.

❶ _____ _____ a butterfly.

❷ _____ _____ my house.

❸ _____ _____ my friends.

❹ _____ _____ colorful balloons.

01 지시대명사와 인칭대명사

지시대명사(단수)	인칭대명사	지시대명사(복수)	인칭대명사
this	it/she/he	these	they
that		those	

1 같은 대상을 두 번째 언급할 때에는 지시대명사 대신 인칭대명사로 바꾸어 쓸 수 있습니다. 지시 대상이 단수이며 사물이나 동물이면 it, 사람이면 he, she를 씁니다.

> 예) This is a car. It is red. 이것은 자동차이다. 그것은 빨간 색이다.
>
> This is Mr. Kim. He is my math teacher. 이 분은 김 선생님이시다. 그는 나의 수학선생님이시다.
>
> That is my sister. She is six years old. 저 아이는 내 여동생이다. 그녀는 여섯 살이다.

2 지시 대상이 복수인 경우 사람이나 사물에 관계없이 모두 they를 씁니다.

> 예) Those are elephants. They live in Africa. 저것들은 코끼리들이다. 그것들은 아프리카에 산다.

02 지시대명사와 지시형용사

> Those boxes are mine.
>
> Those are not my boxes.

1 this, that, these, those는 지시형용사로도 쓰입니다.

> 예) This is not my pen 이것은 내 펜이 아니다. 〈지시대명사〉
>
> This pen is not mine. 이 펜은 내 것이 아니다. 〈지시형용사〉
>
> These are your books. 이것들은 너의 책들이다. 〈지시대명사〉
>
> These books are yours. 이 책들은 너의 것들이다. 〈지시형용사〉

2 〈지시형용사+명사〉의 어순으로 씁니다. this, that은 단수명사나 셀 수 없는 명사와 함께, these, those는 복수명사와 함께 씁니다.

> 예) This tree is five years old. 이 나무는 5년 되었다.
>
> Those apples are sweet. 저 사과들은 달다.

WB 17쪽

1 그림을 보고, 인칭대명사를 이용하여 질문에 답하세요.

❶
mouse

Q: What is this?
A: _____

❷
bucket

Q: What are these?
A: _____

❸
panda

Q: What are those?
A: _____

❹
Harry Potter

Q: Who is that?
A: _____

WB 17쪽

2 그림을 보고, 빈칸에 알맞은 지시형용사나 인칭대명사를 쓰세요.

❶

Let's look at _____ spider.
_____ has eight legs.

❷

Look at _____ people.
_____ are dancing beautifully.

❸

What is _____ eagle holding?
Is _____ holding a fish?

❹

_____ tomatoes are green.
_____ don't look delicious.

● 실생활 대화를 통해 배운 문법을 확인해 보세요.

1 다음은 위 만화의 말풍선 ❶과 ❷에 들어갈 말입니다. 빈칸에 알맞은 지시대명사를 쓰세요.

❶ _____ is a big egg.

❷ _____ are crocodile eggs.

2 괄호 안의 단어를 바르게 배열하여 위 만화의 말풍선 ❸과 ❹에 들어갈 말을 쓰세요.

❸ Look! _____ (a crocodile, that, is)

❹ _____ They look scary. (crocodiles, those, are)

3 위 만화의 내용을 글로 쓴 것입니다. 밑줄 친 They가 가리키는 것을 찾아 쓰세요.

Tom and Huck are in the wetland. ❶ They see some big eggs in the bush. They are crocodile eggs. The two boys also see two crocodiles. ❷ They look scary.

❶ _____   ❷ _____

 기억하기

1 지시대명사는 사물이나 사람을 가리키는 대명사이다.

단수		복수	
this	이것, 이 사람	these	이것들, 이 사람들
that	저것, 저 사람	those	저것들, 저 사람들

2 지시대명사를 인칭대명사로 받을 수 있다.

this / that	these / those
사물, 동물이면 **it** 사람이면 **he, she**	they

3 지시형용사는 뒤에 오는 명사의 수에 따라 맞춰 써야 한다.

this / that + 단수명사 / 셀 수 없는 명사	these / those + 복수명사

Time for a Break

어떤 곤충(동물)에 관한 것인지 맞혀 보세요.

1. 발로 먹이의 맛을 느끼는 것은?
2. 자신의 몸무게의 50배 무게를 들 수 있는 것은?
3. 자신의 귀를 혀로 핥을 수 있는 것은?
4. 뒤쪽으로 걸을 수 없는 것은?

a kangaroo   a giraffe   a butterfly   an ant

정답 1. a butterfly   2. an ant   3. a giraffe   4. a kangaroo

Chapter III be동사

be동사

🌱 be동사

'~이다', '있다' 등의 의미로 주어와 주어를 설명하는 말을 연결해 줍니다.

🌱 be동사 부정문

'~아니다', '~없다', '~(지) 않다'라는 뜻으로, be동사 다음에 not을 씁니다.

◉ I am not sleepy.
◉ He is not alone.

🌱 be동사 의문문

'~이니?', '~있니?'라는 뜻으로, be동사와 주어의 위치를 바꿉니다.
Am I ~? / Are you ~? / Is she ~?

🌱 be동사 의문문에 대한 대답

◉ Am I ~?
   ➔ Yes, you are. / No, you aren't.
◉ Are you ~?
   ➔ Yes, I am. / No, I'm not.
◉ Is she ~?
   ➔ Yes, she is. / No, she isn't.

Unit 09 be동사 평서문

① 인칭대명사와 be동사

1 인칭대명사에 따라 함께 쓰이는 be동사가 다릅니다.

2 인칭대명사와 be동사는 줄여서 쓸 수 있습니다.

	인칭대명사	be동사	줄임말	예문
단수	I 나는	am	I'm	I am 13 years old. 나는 13세이다.
	you 너는	are	you're	You're kind. 너는 친절하다.
	he 그는 she 그녀는	is	he's she's	She's my sister. 그녀는 나의 여동생이다.
복수	we 우리는	are	we're	We're at school. 우리는 학교에 있다.
	you 너희들은		you're	You're happy. 너희들은 행복하다.
	they 그들은		they're	

② 주의해야 할 주어와 be동사

주어가 둘 이상일 때 바꿔 쓸 수 있는 인칭대명사는 we, you, they이지만, be동사는 항상 are를 씁니다.

주어(➡ 인칭대명사)	be동사	예문
나(I)를 포함한 여럿(➡ we)	are	You and Bruno are cheerful. (= You are cheerful.) 너와 Bruno는 쾌활하다.(=너희들은 쾌활하다.)
상대방(you)을 포함한 여럿(➡ you)		
3인칭 여럿(➡ they)		

PRACTICE 1

정답과 해설 17쪽

1 알맞은 인칭대명사와 be동사를 〈보기〉에서 찾아 쓰세요.

🏀 **도움말**

보기

| I am | you are | he is | it is |
| she is | we are | they are | |

1 인칭은 사람인지 사물인지, 남자인지 여자인지, 단수인지 복수인지 생각해서 결정합니다.

2 괄호 안에서 알맞은 말에 동그라미 하세요.

2 주어에 따라 달라지는 be동사를 잘 구별하여 씁니다.

❶ I (am / are) cheerful.

❷ You (is / are) great!

❸ It (am / is) very small.

❹ We (is / are) in the classroom.

❺ He and Peter (is / are) brothers.

01 지시대명사와 be동사

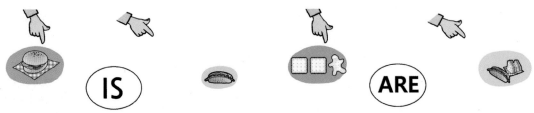

| This is a hamburger. 이것은 햄버거이다. | These are cookies. 이것들은 쿠키들이다. |
| That is a hot dog. 저것은 핫도그이다. | Those are sandwiches. 저것들은 샌드위치들이다. |

	지시대명사	be동사	줄임말
단수	this 이것은	is	–
	that 저것은		that's
	it 그것은		it's
복수	these 이것들은	are	–
	those 저것들은		–
	they 그것들은		they're

지시대명사 this, that, it과 함께 쓰이는 be동사는 is이고, these, those, they와 함께 쓰이는 be동사는 are입니다.

02 명사 주어와 be동사

명사 주어가 단수일 때는 is, 복수일 때는 are를 씁니다. 대부분의 단수명사와 is는 줄여 쓸 수 있습니다.

명사 주어(➡ 인칭대명사)	be동사
단수명사, 셀 수 없는 명사(➡ it)	is
복수명사(➡ they)	are
명사 and 명사(➡ they)	

This book is interesting. 이 책은 재미있다.

A pencil and some pens are in the box. 연필 하나와 펜 몇 개가 상자 안에 있다.

정답과 해설 17~18쪽

WB 19쪽

1 빈칸에 알맞은 be동사를 쓰세요.

❶

This _____ a robot.

❷

Those _____ pencils.

❸

That _____ my brother.

❹

These _____ flowers.

❺

That _____ a puppy.

❻

These _____ my friends.

WB 19쪽

2 am, are, is 중에서 알맞은 것을 넣어 글을 완성하세요.

Hello, friends.
I'm Chris. This ❶_____ my favorite
picture. This boy ❷_____ my brother.
His name ❸_____ Adam. His hobbies
❹_____ swimming and dancing.

도움말

1) this와 that은 하나를 가리
키며, 함께 쓰이는 be동사
는 is입니다.
these와 those는 여럿을 가
리키며, 함께 쓰이는 be동
사는 are입니다.

2) I - am
you, 복수 주어 - are
he, she, it, 단수 주어 - is

Grammar in Real Life

● 실생활 대화를 통해 배운 문법을 확인해 보세요.

Hello, I ❶_____ a new student. My name ❷_____ EJ. We ❸_____ in the same class, right?

You ❹_____ right. I ❺_____ Elaine. I ❻_____ happy to see you here.

1 위 대화의 빈칸 ❶~❻에 am, are, is 중에서 알맞은 말을 쓰세요.

❶ _____   ❷ _____

❸ _____   ❹ _____

❺ _____   ❻ _____

2 우리말과 일치하도록 괄호 안의 단어를 바르게 배열하세요.

❶ EJ와 Elaine은 같은 반이다.

➡ _____

(EJ, Elaine, the same class, in, are, and)

❷ 그들은 서로 만나서 기쁘다.

➡ _____

(happy, to see each other, are, they)

3 위 대화의 내용과 일치하면 T, 일치하지 않으면 F를 쓰세요.

❶ _____ Elaine is a new student.

❷ _____ EJ and Elaine are classmates.

Wrap Up

기억하기

1 대명사와 be동사

be동사가 대명사와 함께 쓰일 때에는 대명사의 인칭과 수에 따라 함께 쓰는 be동사가 달라진다. 주어가 I일 때는 am, you일 때는 are, 그 외 단수일 때는 is, 복수일 때는 are를 쓴다.

주어	동사	주어	동사	주어	동사	주어	동사
I	**am**	you	**are**	he / she / it / this / that	**is**	we / you / they / these / those	**are**

2 명사와 be동사

be동사가 명사와 함께 쓰일 때, 명사가 단수이면 is, 복수이면 are를 쓴다.

A tree is **over there.** 나무 한 그루가 저기 있다.

Grapes are **purple fruit.** 포도는 보라색 과일이다.

Time for a Break

라크로스(Lacrosse)

 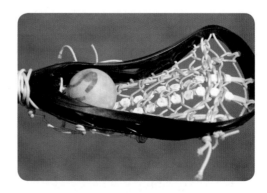

라크로스는 미국, 캐나다, 영국, 호주 청소년들이 즐기는 스포츠로 라켓과 공으로 하는 운동입니다. 한 팀은 10명(여자는 12명)으로 구성되며, 15분씩 4쿼터로 나누어 경기를 합니다.

 be동사의 부정

'아니다, 없다'라는 뜻의 부정문은 not을 사용하여 나타냅니다. be동사를 부정할 때는 am, are, is 다음에 not을 씁니다.

긍정문	부정문
I + am ~	I + am not ~
주어 + are ~	주어 + are not ~
주어 + is ~	주어 + is not ~

I am not cold here. 나는 여기에서 춥지 않다.

Lilies are not in the greenhouse. 백합들은 온실에 있지 않다.

Rory is not a chef. Rory는 요리사가 아니다.

The foreigners are not French. 그 외국인들은 프랑스 사람들이 아니다.

02 인칭대명사와 be동사의 부정

인칭대명사가 단수일 때	
I	am not
you	are not
he, she, it	is not

인칭대명사가 복수일 때	
we	
you	are not
they	

I am not Elton. 나는 Elton이 아니다.

It is not a rabbit. 그것은 토끼가 아니다.

We are not at school. 우리는 학교에 있지 않다.

You are not tired. 너는 피곤하지 않다.

정답과 해설 18~19쪽

WB 20쪽

1 〈보기〉와 같이 그림을 보고, 빈칸에 알맞은 말을 쓰세요.

보기

I am weak.
I am not strong.

❶

He is a king.
He _____ _____ a queen.

❷

You are at school.
You _____ _____ at home.

❸

This is small.
It _____ _____ big.

❹

We are happy.
We _____ _____ sad.

❺

This boy is Min.
He _____ _____ Wuk.

도움말

1 be동사의 부정은 be동사 다음에 not을 써 줍니다.

WB 20쪽

2 우리말과 일치하도록 빈칸에 알맞은 말을 쓰세요.

❶ 우리는 너에게 화나지 않았어.
_____ _____ _____ angry at you.

❷ 너는 어리석지 않아.
_____ _____ _____ foolish.

❸ Sandy는 거실에 있지 않아.
_____ _____ _____ in the living room.

❹ 그들은 그녀의 사촌들이 아니다.
_____ _____ _____ her cousins.

2 I + am not
you / 복수 주어 + are not
he / she / it / 단수 주어 + is not

01 be동사 부정의 줄임형

be동사의 부정	줄임형	
I am not	–	I'm not
you are not	you aren't	you're not
he[she / it / that] is not	he[she / it / that] isn't	he[she / it / that]'s not
this is not	this isn't	–
we[you / they] are not	we[you / they] aren't	we[you / they]'re not
Paul is not	Paul isn't	Paul's not

02 be동사 부정문의 의미

부정문	의미
be not + 명사	~(가) 아니다
be not + 장소, 위치	~(가) 없다[있지 않다]
be not + 형용사	~(지) 않다

예 It is not Sunday morning today. 오늘은 일요일 아침이 아니다.

The cups are not in the box. 그 컵들은 상자 속에 있지 않다.

The ball is not soft. 그 공은 부드럽지 않다.

PRACTICE 2

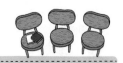

WB 21쪽

1 그림을 보고, 〈보기〉에서 알맞은 말을 골라 문장을 완성하세요.

보기   I'm not   isn't   aren't

❶
My name _____ James.

❷
They _____ sad.

❸
He _____ Sue's
younger brother.

❹
He _____ from Russia.

> 1 주어가 I일 때와 단수일 때,
> 복수일 때 쓰이는 be동사가
> 각각 다릅니다.

WB 21쪽

2 우리말과 일치하도록 빈칸에 알맞은 말을 쓰세요.

❶ This water _____ cold.
이 물은 차갑지 않다.

❷ _____ _____ fourteen years old.
나는 열네 살이 아니다.

❸ These books _____ on the desk.
이 책들은 책상 위에 있지 않다.

> 2 be동사의 부정문은 not 다
> 음에 무엇이 오느냐에 따라
> 의미가 달라집니다.

Grammar in Real Life

● 실생활 대화를 통해 배운 문법을 확인해 보세요.

A
This tortoise ❶ _____ brown. It is green.

B
It is very slow. It ❷ _____ fast at all.

C
그것의 눈은 크지만, 코는 크지 않아요. It is very small.

D
Its legs are thick. They ❸ _____ thin.

1 위 대화의 빈칸 ❶~❸에 알맞은 말을 〈보기〉에서 골라 쓰세요.

보기
is   are   isn't   aren't

❶ _____

❷ _____

❸ _____

2 관찰하고 있는 거북이의 특징을 위 대화에서 찾아 각각 한 단어로 쓰세요.

❶ Color: _____

❷ Speed: _____

❸ Nose: _____

❹ Legs: _____

3 위 대화의 우리말과 일치하도록 괄호 안의 단어를 바르게 배열하여 쓰세요.

_____, but _____.

(big, big, its eyes, its nose, are, isn't)

Wrap Up

1 be동사의 부정과 줄임형

수	대명사	be동사의 부정형	줄임형
단수	I	am not	–
	you	are not	aren't
	he / she / it / this / that	is not	isn't
복수	we / you / they / these / those	are not	aren't

2 〈be동사+not〉의 의미

부정문	의미
be not + 명사	~(가) 아니다
be not + 장소, 위치	~에 없다[있지 않다]
be not + 형용사	~(지) 않다

Time for a Break

착시(Optical Illusions)

다음 그림을 똑바로 한 번, 뒤집어서 한 번 보세요. 각각 무엇이 보이나요?

①

②

③

정답 ① 새 - 독수리가 쥐를 물고 있는 모습 ② 노인 - 아저씨 ③ 젊은 여자 - 나이든 여자

 **be동사 의문문**

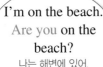 **be동사 의문문**

I'm on the beach.
Are you on the beach?
나는 해변에 있어.
너는 해변에 있니?

No, I'm not.
I'm in the sea.
Is the sand castle strong?
아니, 그렇지 않아. 나는 바다에 있어.
모래성은 튼튼하니?

긍정문	의문문	대답

 .    ?   Yes,  . / No, n't.

'~이니?', '~에 있니?' 등의 표현은 be동사가 있는 문장을 의문문으로 써서 나타냅니다. 이 때 대답은 Yes나 No로 합니다.

예) It is your English book. 그것은 네 영어 책이다.

Is it your English book? 그것은 네 영어 책이니?

You are from Taiwan. 너는 대만 출신이다.

Are you from Taiwan? 너는 대만 출신이니?

02 **<대명사 주어 + be동사> 의문문과 대답**

의문문	대답	
	긍정	부정
Am I ~?	Yes, you are.	No, you aren't.
Are you(당신은) ~?	Yes, I am.	No, I'm not.
Is he[she / it] ~?	Yes, he[she/it] is.	No, he[she/it] isn't.
Are we ~?	Yes, you are.	No, you aren't.
Are you(당신들은) ~?	Yes, we are.	No, we aren't.
Are they ~?	Yes, they are.	No, they aren't.

예) Am I wrong? 내가 틀렸니?

– Yes, you are. / No, you aren't. 응, 그래. / 아니, 그렇지 않아.

Is New York a big city? 뉴욕은 큰 도시이니?

– Yes, it is. / No, it isn't. 응, 그래. / 아니, 그렇지 않아.

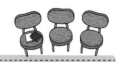

WB 22쪽

정답과 해설 20~21쪽

1 그림을 보고, 빈칸에 알맞은 인칭대명사와 be동사를 쓰세요.

❶

Is she a pilot?
– Yes, _____ _____.

❷
_____ _____ at the zoo?
– Yes, he is.

❸
_____ _____ a giraffe?
– No, it isn't.

❹

Are you sad?
– No, _____ _____.

❺
Are they singers?
– Yes, _____ _____.

❻
_____ _____ a soccer player?
– Yes, I am.

WB 22쪽

2 대답을 보고, 의문문을 완성하세요.

❶ _____ _____ a chess player?
– Yes, I am.

❷ _____ _____ shy and quiet?
– No, he isn't. He is cheerful.

❸ _____ _____ a monkey?
– Yes, it is.

❹ _____ _____ your classmates?
– No, they aren't. We're not in the same class.

01 <지시대명사 + be동사> 의문문과 대답

의문문	대답	
	긍정	부정
Is this[that] ~?	Yes, it is.	No, it isn't.
Are these[those] ~?	Yes, they are.	No, they aren't.

예) Is this **a present for me?** 이것은 나를 위한 선물이니?

– Yes, it is. 응, 그래.

Are these **your color pens?** 이것들은 네 사인펜들이니?

– No, they aren't. 아니, 그렇지 않아.

02 <명사 + be동사> 의문문과 대답

의문문	대답	
	긍정	부정
Is + 단수명사 ~?	Yes, he[she / it] is.	No, he[she / it] isn't.
Are + 복수명사 ~?	Yes, they are.	No, they aren't.

예) Is the name card **yours?** 이 명함은 당신 것입니까?

– Yes, it is. 네, 그렇습니다.

Are the students **middle school students?** 그 학생들은 중학생입니까?

– No, they aren't. 아니요, 그렇지 않습니다.

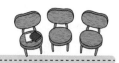

WB 23쪽

1 〈보기〉에서 알맞은 말을 골라 그림의 상황에 맞게 의문문을 완성하세요.

보기	this	that	these	those	is	are

❶

A: _____ _____

the science room?

B: Yes, it is.

❷

A: _____ _____

popular?

B: Yes, they are.

WB 23쪽

2 다음 질문에 대한 답을 완성하세요.

❶ Is your school near your house?

   – Yes, _____ _____.

❷ Is English boring for you?

   – No, _____ _____.

❸ Are all of your friends the same age?

   – Yes, _____ _____.

❹ Are these questions difficult?

   – No, _____ _____.

🔵 **도움말**

1) 의문문은 〈동사 + 주어 ~?〉 입니다.

2) be동사 의문문에 대한 대답에서 주어로 쓰인 명사가 단수일 때는 it으로, 복수일 때는 they로 받습니다.

Grammar in Real Life

정답과 해설 22쪽

● 실생활 대화를 통해 배운 문법을 확인해 보세요.

A: Is the next bus stop city hall?
B: ❶ _____ It's very far from here.
A: I'm from Russia. Are you middle school students?
B: ❷ _____ Our school is a girls' middle school. Is this your first visit to Korea?
A: ❸ _____ Everything is new to me. I'm excited.

1 위 대화의 빈칸 ❶, ❷, ❸에 알맞은 대답을 쓰세요.

❶ _____, _____ .

❷ _____, _____ .

❸ _____, _____ .

2 위 대화 내용과 일치하도록 다음 문장을 완성하세요.

The next bus stop ❶_____ city hall. The lady ❷_____ Russian, but the two girls ❸_____ from Russia. This visit ❹_____ the lady's first time. She ❺_____ excited.

3 다음 질문을 영어로 쓰세요.

❶ 당신은 러시아에서 왔나요?

➡ _____

❷ 모든 것이 당신에게 새로운가요?

➡ _____

기억하기

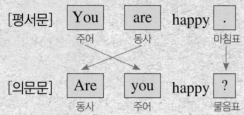

1 be동사가 있는 문장을 의문문으로 만들 때는 〈be동사＋주어 ~?〉로 한다.

[평서문]　You　are　happy　．
　　　　　주어　　동사　　　　　　마침표

[의문문]　Are　you　happy　？
　　　　　동사　　주어　　　　　　물음표

2 be동사의 의문문에 대한 대답

－ Yes, 대명사 주어＋be동사. / No, 대명사 주어＋be동사와 not의 줄임형.

A: Are the boxes presents for Sue? 그 상자들은 Sue를 위한 선물들이니?

B: No, they aren't. 아니, 그렇지 않아.

Time for a Break

세계에서 가장 큰 테마공원
Ferrari World Abu Dhabi

실내 테마 공원인 페라리 월드는 중동의 아랍에미리트를 구성하는 7개 자치 왕국 중의 하나인 아부다비에 있습니다. 페라리 월드에서는 페라리를 테마로 한 각종 놀이 기구를 즐길 수 있습니다. 특히 포뮬러 로사(Formula Rossa)는 세계에서 제일 빠른 롤러코스터로 시속 240 km에 달하는 속도를 체감할 수 있습니다.

Actual Test 1

[01-02] 다음 빈칸에 들어갈 알맞은 말을 고르세요.

01

_____ little brother is very clever.

① I ② He's
③ Yours ④ Jisu's
⑤ They're

02

I have _____.

① a pencil
② a pencils
③ six pencil
④ six pencils
⑤ six penciles

[03-05] 다음 빈칸에 들어갈 말이 바르게 짝지어 진 것을 고르세요.

03

A: Is that boy your son?
B: No, he _____.
_____ son is not here.

① is − My ② is − His
③ isn't − My ④ isn't− Your
⑤ aren't − Your

04

• There _____ some shoes on the shelf.
• There _____ a clock on the wall.

① is − is ② is − are
③ are − is ④ are − are
⑤ isn't − isn't

05

• I _____ 13 years old.
• He _____ a teacher.

① am − am ② am − is
③ is − are ④ is − am
⑤ are − is

[06-07] 다음 중 <u>틀린</u> 문장을 고르세요.

06 ① I want two cup of coffee.
② He drinks one cup of tea.
③ He buys a bottle of water.
④ She has three pieces of paper.
⑤ They need two glasses of milk.

07 ① She has two dolls.
② Give me those book.
③ This movie is interesting.
④ There is a computer in the room.
⑤ There are three trees on the street.

[08-09] 다음 질문에 대한 알맞은 답을 고르세요.

08

A: Are Cindy and Jack American?
B: _____

① Yes, he is.   ② Yes, they are.
③ No, we are.   ④ No, you aren't.
⑤ No, we aren't.

09

A: Is this your car?
B: _____

① No, it is.   ② Yes, it is.
③ Yes, he is.   ④ No, I am not.
⑤ No, you aren't.

10 다음 중 밑줄 친 부분의 품사가 나머지 넷과 <u>다른</u> 것은?

① He is a <u>father</u>.
② She has four <u>classes</u>.
③ My sister is very <u>cute</u>.
④ This is a new <u>umbrella</u>.
⑤ The <u>movie</u> is touching.

 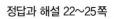

11 다음 빈칸에 들어갈 수 <u>없는</u> 것은?

> Minho is _____.

① at home
② runs fast
③ very kind
④ from Canada
⑤ my classmate

12 다음 우리말을 영어로 바르게 옮긴 것은?

> 이 정원에는 많은 꽃들이 있다.

① There is many flower in this garden.
② There is many flowers in this garden.
③ There are many flower in this garden.
④ There are many flowers in this garden.
⑤ There are in this garden many flowers.

[13-15] 다음 글을 읽고, 물음에 답하세요.

> Hello! My name ___ⓐ___ Mijin.
> I ___ⓑ___ an elementary student.
> <u>My father</u> is 40 years old. He is a doctor.
>   But my mother isn't a doctor. She ___ⓒ___ a pianist. My sister ___ⓓ___ a high school student. She ___ⓔ___ pretty.
>   I love my family.
> <u>우리는 지금 매우 행복하다.</u>

13 위 글의 빈칸 ⓐ~ⓔ에 들어갈 말이 나머지 넷과 <u>다른</u> 것은?

① ⓐ   ② ⓑ   ③ ⓒ
④ ⓓ   ⑤ ⓔ

14 위 글의 밑줄 친 My father를 대명사로 바꿀 때 알맞은 것은?

① I   ② He
③ She   ④ His
⑤ Her

15 위 글의 밑줄 친 우리말을 영어로 바르게 옮긴 것은?

① I am very happy now.
② We is very happy now.
③ We are very happy now.
④ They is very happy now.
⑤ They are very happy now.

정답과 해설 22~25쪽

16 다음 대화에서 <u>틀린</u> 부분을 <u>두 군데</u> 찾아 바르게 고치세요.

> A: Welcome to my home. Come on in.
> B: Oh, you have a beautiful house.
> A: Thank you. Do you want a cup of coffees?
> B: Yes, please. With cream and sugars.

(1) _____ ➡ _____
(2) _____ ➡ _____

18 다음 문장에서 <u>틀린</u> 부분을 찾아 바르게 고쳐 쓰세요.

(1) There are four ladys in the room.
방에 네 명의 숙녀가 있다.

➡ _____

(2) That books are interesting.
저 책들은 흥미롭다.

➡ _____

[19-20] 우리말과 일치하도록 괄호 안의 단어를 바르게 배열하세요.

17 다음 표를 보고, 문장의 빈칸에 알맞은 말을 쓰세요.

Name	Country	Age	Job
Mike	Canada	33	lawyer
Yuri	Korea	13	student

(1) Yuri _____ from Canada.
She _____ from Korea.

(2) A: Is Mike 13 years old?
B: _____, he _____.
He is 33 years old.

(3) A: Are Mike and Yuri artists?
B: _____, _____ _____.

19

> 뉴욕은 큰 도시이다.
> New York _____.
> (is / city / big / a)

20

> Jenny는 그의 여동생이다.
> Jenny _____.
> (sister / is / his)

Chapter Ⅳ 일반동사

일반동사

일반동사의 형태

- 1인칭, 2인칭 주어, 복수 주어 + 일반동사 원형
- 3인칭 단수 주어 + 일반동사-(e)s

◉ I like my friends.

◉ She runs well.

일반동사 부정문

'~하지 않는다'

➜ 주어 + do[does] not + 동사원형 ~.

◉ I do not like pork.

◉ The dog doesn't jump.

일반동사 의문문

'~하니?'

➜ Do[Does] + 주어 + 동사원형 ~?

◉ Do you walk to school?

◉ Does Mina want some juice?

01 일반동사의 쓰임

동사에는 be동사, 조동사, 일반동사가 있습니다. **일반동사는** 주어의 동작이나 행동을 나타낼 때 **씁니다.** 영어에서 동사는 거의 모두가 일반동사입니다.

I read comic books.
나는 만화책을 읽는다.

You ride bikes.
너희들은 자전거를 탄다.

We live in Jeju.
우리는 제주에 산다.

The puppy plays with a ball.
그 강아지는 공을 가지고 논다.

He bakes cookies.
그는 쿠키를 굽는다.

They eat sandwiches.
그들은 샌드위치를 먹는다.

02 주어와 일반동사

1 주어의 인칭과 단 · 복수에 따라 일반동사의 형태가 달라집니다.

2 주어가 3인칭 단수가 아닌 경우에는 동사원형을 그대로 씁니다.

　예 I like fruit. 나는 과일을 좋아한다.

　　You want cookies. 너는 쿠키를 원한다.

　　They visit Sam. 그들은 Sam을 방문한다.

3 주어가 3인칭 단수인 경우에는 동사원형에 -(e)s를 붙입니다.

　예 She opens the door. 그녀는 문을 연다.

　　Jimmy gets up at seven. Jimmy는 7시에 일어난다.

PRACTICE 1

WB 24쪽

1 다음 대화에서 일반동사에 동그라미 하세요.

1 I feel so good tonight. I am excited.

3 Look at the stars! Listen to the birds!

2 I'm hungry. I want some snacks.

4 I want to play some games. How about a card game?

1 일반동사는 동작이나 행동을 나타내는 동사입니다.

WB 24쪽

2 〈보기〉에서 알맞은 동사를 골라 문장을 완성하세요. 모든 단어는 한 번씩만 사용하고, 필요한 경우 동사의 형태를 바꾸세요.

2 주어가 3인칭 단수일 때는 동사에 -(e)s를 붙입니다.

보기

| visit | watch | get | sit | drink |

1 Logan _____ up early every morning.

2 They _____ TV together.

3 The cats _____ milk.

4 We _____ on the sofa.

5 I sometimes _____ my grandparents.

01 3인칭 단수 주어와 일반동사

play sports

read books

take an art lesson

study math

⟨My Friends' After-School Plans⟩

Jack plays sports. Jack은 운동을 한다.

Ben reads books at the school library. Ben은 학교 도서관에서 책을 읽는다.

Cathy takes an art lesson. Cathy는 미술 수업을 받는다.

Paula studies math. Paula는 수학을 공부한다.

일반동사는 주어가 3인칭 단수일 때 -(e)s가 붙은 형태가 되어 주어에 대한 정보를 전달합니다.

02 일반동사의 3인칭 단수 형태

일반동사의 마지막 철자에 따라 -(e)s를 붙이는 방법이 조금씩 다릅니다.

규칙	동사의 3인칭 단수 형태
대부분의 동사 → -s	drinks, runs, speaks, wears, comes, lives, makes, gives
-ch, -sh, -ss, -x, -o로 끝나는 동사 → -es	brushes, teaches, dresses, watches, mixes, does, goes
⟨자음 + y⟩로 끝나는 동사 → y를 i로 고치고 -es	cries, flies, tries
⟨모음 + y⟩로 끝나는 동사 → -s	buys, plays, says
have	has

예) She speaks English well. 그녀는 영어를 잘한다.

A bird flies in the sky. 새 한 마리가 하늘을 난다.

PRACTICE 2

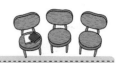

WB 25쪽

1 괄호 안의 동사를 활용하여 문장을 완성하세요.

도움말

1 주어가 3인칭 단수이므로 일반동사에 -(e)s를 붙일 때의 규칙에 유의합니다.

❶ A goldfish _____ in the fish bowl. (live)

❷ She often _____ her hands. (wash)

❸ Kevin _____ over the ice cream. (cry)

❹ Brad always _____ "Yes." (say)

WB 25쪽

2 〈보기〉에서 알맞은 동사를 골라 문장을 완성하세요.

2 주어가 3인칭이라도 복수일 때는 동사에 -(e)s를 붙이지 않습니다.

보기	go	wear	have	play
	goes	wears	has	plays

Nick and Jenny are brother and sister. They ❶_____ to school together every day. They ❷_____ uniforms. They walk to school.

Jenny ❸_____ school lunch at 12:30 with her friends. Nick ❹_____ soccer after school.

● 실생활 대화를 통해 배운 문법을 확인해 보세요.

Kato: I want to join the cooking club.
Gihun: Are you good at cooking?
Kato: Not really. I just like it.
Gihun: ❶ _____ in the club.
Kato: That sounds great!

1 위 대화에서 일반동사를 4개 찾아 쓰세요.

_____, _____, _____, _____

2 위 대화의 빈칸 ❶에 알맞은 말을 써서 문장을 완성하세요. 필요한 경우 단어의 형태를 바꾸세요.

그 동아리에서는 요리사가 학생들을 가르친다.

➡ _____ in the club.

3 위 대화의 내용을 다음과 같이 요약할 때 빈칸에 알맞은 말을 쓰세요.

Kato ❶ _____ cooking, but he is not good at it. So, he ❷ _____ to join the cooking club.

기억하기

1 일반동사는 주어의 동작이나 행동을 나타내는 동사이다.

2 주어가 3인칭 단수일 때는 일반동사의 형태를 바꿔서 주어에 대한 정보를 나타낸다.

동사	동사의 3인칭 단수 형태
대부분의 동사	동사+-s
-ch, -sh, -ss, -x, -o로 끝나는 동사	동사+-es
〈자음+y〉로 끝나는 동사	y를 i로 고치고 -es
〈모음+y〉로 끝나는 동사	동사+-s
have	has

Time for a Break

잘못 읽은 영어 단어

- A6 (아식스)??
- danger (단거)
- HAITAI (하이타이)? - 해태
- Hi, Jane! (하이, 자네???!!!)
- NII (엔투)
- PoLo (포로)
- Slazenger (쓰러진거)

LoL은 Laughing Out Loud의 약어로 너무 웃겨 박장대소하는 것을 의미합니다.

01 일반동사의 부정

> I am Tim.
> 나는 Tim이야.
> I like soccer.
> 나는 축구를 좋아해.
> But I do not like books.
> 하지만 나는 책을 좋아하지는 않아.

> I am Tom.
> 나는 Tom이야.
> I love books.
> 나는 책을 정말 좋아해.
> But I do not play soccer.
> 하지만 나는 축구를 하지는 않아.

We are twins!
우리는 쌍둥이야!

1 '~하지 않다'의 의미를 나타낼 때는 do[does] not을 동사 앞에 써서 부정문으로 나타냅니다.

2 주어의 인칭과 수에 따라 do not을 쓰기도 하고, does not을 쓰기도 합니다.

02 부정문 만드는 방법

1 주어가 3인칭 단수가 아닌 경우

주어	부정문
1인칭 단수(I) / 복수(we)	
2인칭 단수(you) / 복수(you)	주어 + do not + 동사원형 ~.
3인칭 복수(they, books, ...)	

📝 I do not like chicken. 나는 닭고기를 좋아하지 않는다.

They do not eat chocolate. 그들은 초콜릿을 먹지 않는다.

2 주어가 3인칭 단수인 경우

주어	부정문
he, she, it, this, that, 이름, 단수명사, ...	주어 + does not + 동사원형 ~.

📝 Tom does not eat vegetables much. Tom은 야채를 많이 먹지 않는다.

She does not walk fast. 그녀는 빨리 걷지 않는다.

PRACTICE 1

정답과 해설 28쪽

WB 26쪽

1 그림에서 <u>잘못된</u> 점을 찾아 do동사와 괄호 안의 단어를 이용하여 〈보기〉와 같이 문장을 완성하세요.

 도움말

1 주어가 복수일 때 일반동사의 부정은 〈do+not+동사원형〉입니다.

<table>
<tr>
<td>보기</td>
<td></td>
<td>❶</td>
<td></td>
</tr>
<tr>
<td>❷</td>
<td></td>
<td>❸</td>
<td></td>
</tr>
</table>

보기

Birds <u>do not swim</u> under water. (swim)

❶ Kangaroos _____ in a cold area. (live)

❷ Tigers _____ carrots. (eat)

❸ Potatoes _____ on trees. (grow)

WB 26쪽

2 그림과 일치하도록 괄호 안의 단어를 이용하여 문장을 완성하세요.

2 주어가 3인칭 단수일 때 일반동사의 부정은 〈does+not+동사원형〉입니다.

<table>
<tr>
<td></td>
<td></td>
<td></td>
</tr>
<tr>
<td></td>
<td></td>
<td></td>
</tr>
</table>

❶ Cindy _____ the laundry. (do)

❷ Cindy _____ the room. (clean)

❸ Cindy _____ dinner. (cook)

01 일반동사 부정의 줄임

〈John's Weekend〉

John takes a walk.
John은 산책을 한다.

John doesn't go shopping.
John은 쇼핑을 가지 않는다.

John and his friends don't go to a concert.
John과 그의 친구들은 콘서트에 가지 않는다.

John has lunch at his favorite restaurant.
John은 자신이 제일 좋아하는 식당에서 점심을 먹는다.

일반동사의 부정형을 만드는 do not은 don't로, does not은 doesn't로 줄여 쓸 수 있습니다.

02 줄임형을 이용한 부정문 만들기

1 주어가 3인칭 단수가 아닌 경우: 주어＋don't[do not]＋일반동사 원형 ~.

긍정문	부정문
I look out the window. 나는 창밖을 본다.	I do not look out the window. ↓ I don't look out the window. 나는 창밖을 보지 않는다.

2 주어가 3인칭 단수인 경우: 주어＋doesn't[does not]＋일반동사 원형 ~.

긍정문	부정문
The tree grows fast. 그 나무는 빨리 자란다.	The tree does not grow fast. ↓ The tree doesn't grow fast. 그 나무는 빨리 자라지 않는다.

PRACTICE 2

WB 27쪽

1 다음 표를 보고, 문장을 완성하세요.

Activity	Dad	Mom	Me
❶ go to the movies	✓	×	✓
❷ hang out with friends	✓	✓	×
❸ go shopping	✓	✓	×
❹ clean the house	✓	×	✓
❺ walk the dog	×	✓	✓

❶ My mom _____ to the movies.

❷ I _____ out with my friends.

❸ I _____ shopping.

❹ My mom _____ the house.

❺ My dad _____ the dog.

도움말

1) 주어가 I일 때와 My mom [dad]일 때 사용하는 일반동사 부정형이 다릅니다.

WB 27쪽

2 그림을 보고, 괄호 안의 단어를 순서대로 배열하여 문장을 완성하세요.

❶

Stella _____.
(have, doesn't, a doll)

❷

Patrick _____.
(vegetables, want, doesn't, to eat)

❸

I am sick today, so I _____
_____.
(house chores, do, don't)

2) 일반동사 부정문은 <주어 +don't[doesn't]+ 동사원형 ~>입니다.

Grammar in Real Life

● 실생활 대화를 통해 배운 문법을 확인해 보세요.

1 위 대화의 우리말과 일치하도록 주어진 단어를 바르게 배열하세요.

| any | not | he | medicine | need | does |

➡ _____ .

2 다음은 Lynn의 아빠에 대한 설명입니다. 괄호 안의 동사를 활용하여 문장을 완성하세요.

❶ He _____ too much. (work)

❷ He _____ computer programs. (make)

❸ He is very tired, but he _____ medicine. (take)

3 위 대화 이후의 상황을 설명한 글입니다. 빈칸에 가장 알맞은 말을 〈보기〉에서 골라 한 번씩 만 쓰세요.

| gives | gets | takes | doesn't feel |

Lynn ❶_____ the vitamin C. She ❷_____ it to her father. He ❸_____ it and ❹_____ tired.

기억하기

1 일반동사를 부정할 때는 do나 does를 사용하여 〈do[does] not＋동사원형〉으로 쓴다.

2 주어의 인칭과 수에 따라 do not이나 does not을 사용하며, 각각 don't와 doesn't로 줄여 쓸 수 있다.

주어	부정문
I / you / 복수	주어 + do not[don't] + 동사원형 ~.
3인칭 단수	주어 + does not[doesn't] + 동사원형 ~.

I don't[do not] throw away trash. 나는 쓰레기를 버리지 않는다.
The man doesn't[does not] play soccer. 그 남자는 축구를 하지 않는다.

Time for a Break

재미있는 가게 안내문

세 개 가격에
세 개를 사세요!

죄송합니다,
오늘 영업합니다.

미세요. 만약 안 되면 당기세요.
만약 안 되면 영업을 안 하는 게
틀림없습니다.

01 일반동사 의문문

I read comics.
나는 만화책을 읽어.

She rides a bike.
그녀는 자전거를 타.

Do you read comics?
너는 만화책을 읽니?

Does she ride a bike?
그녀는 자전거를 타니?

1 be동사와 달리 일반동사는 혼자 의문문을 만들 수 없습니다.

2 일반동사의 의문문에서는 do나 does를 문장의 맨 앞에 쓰고, 문장의 제일 끝에는 반드시 물음표(?)를 씁니다.

02 do로 만드는 의문문

Do	I	like	spiders	?
	you	want	some milk	
	we	have	any questions	
	they	⋮	⋮	
	복수명사			

주어가 1, 2인칭이거나, 복수일 때는 **do**를 사용하여 의문문을 만듭니다. 주어 다음에는 반드시 동사원형을 씁니다.

예 Do you eat dessert after dinner? 너는 저녁 식사 후에 후식을 먹니?

Do they need our help? 그들은 우리의 도움이 필요하니?

WB 28쪽

1 다음 문장을 의문문으로 바꿀 때 빈칸에 알맞은 말을 쓰세요.

❶ You do your homework.

➡ _____ _____ _____ _____

_____ homework?

❷ I want this shirt.

➡ _____ _____ _____ this shirt?

❸ They like the bird.

➡ _____ _____ _____ the bird?

❹ Jackson and Tera wear sunglasses in summer.

➡ _____ _____ _____ _____

_____ sunglasses in summer?

1 주어가 1, 2인칭이거나 복수일 때 일반동사 의문문은 <Do+주어+동사원형 ~?>입니다.

WB 28쪽

2 우리말과 일치하도록 괄호 안의 단어를 바르게 배열하세요.

❶ 모든 한국인들이 김치를 먹니?

(all Koreans, eat, *gimchi*, do)

➡ _____

❷ 너 오렌지 주스 마시고 싶니?

(to drink, do, you, orange juice, want)

➡ _____

❸ 나 괜찮아 보여? (all right, I, do, look)

➡ _____

2 주어가 1, 2인칭이거나 복수일 때 일반동사 의문문은 <Do+주어+동사원형 ~?>입니다.

01 does로 만드는 의문문

> Does he play sports after school?
> 그는 방과 후에 운동을 하니?

> No, he doesn't. He studies or reads books.
> 아니, 그렇지 않아. 그는 공부하거나 책을 읽어.

Does	he / she	ask	a question	?
	it	take	a picture	
	이름	have	red flowers	
	단수명사	⋮	⋮	

주어가 3인칭 단수이고, 동사가 일반동사일 때, 의문문은 문장의 제일 앞에 Does를 쓰고, 주어를 쓴 뒤 동사를 원형으로 바꾸고, 문장의 끝에 물음표(?)를 쓰면 됩니다.

02 의문문에 대한 대답

1 주어가 3인칭 단수가 아닌 경우

의문문	대답	
	긍정	부정
Do I ~?	Yes, you do.	No, you don't.
Do you ~?	Yes, I[we] do.	No, I[we] don't.
Do they[복수명사] ~?	Yes, they do.	No, they don't.

◀) Do you listen to News Nine? 당신은 9시 뉴스를 듣습니까?

– No, I don't. 아니요, 그렇지 않습니다.

2 주어가 3인칭 단수인 경우

의문문	대답	
	긍정	부정
Does he[she / it] ~?	Yes, he[she / it] does.	No, he[she / it] doesn't.
Does 단수명사 ~?		

◀) Does the bakery have cheesecake? 그 제과점에 치즈케이크가 있습니까?

– Yes, it does. 네, 있습니다.

PRACTICE 2

WB 29쪽

1 그림과 일치하도록 대화를 완성하세요.

1) 주어가 3인칭 단수일 때 의문문은 <Does+주어+동사원형 ~?>입니다.

Mack

Amy

Gordon

Alice

April

Pete

❶ A: _____ Mack dry the dishes?

　B: No, he doesn't.

❷ A: Does Alice set the table?

　B: No, _____ _____. She clears the table.

❸ A: Do April and Pete work in the kitchen?

　B: Yes, _____ _____.

❹ A: _____ _____ set the table?

　B: Yes, he does.

WB 29쪽

2 다음 표를 보고, 질문에 대한 답을 쓰세요.

2) 주어가 3인칭 단수인 의문문에 답할 때는 Yes, he[she/it] does. 또는 No, he[she/it] doesn't.로 합니다.

Jenny	👍LIKE	ice cream, sweets	👎DON'T LIKE	peanuts, popcorn
Nick	👍LIKE	sweets, chocolate	👎DON'T LIKE	ice cream, broccoli

❶ Q: Does Jenny like peanuts?

　➡ _____, _____ _____.

❷ Q: Does Nick like chocolate?

　➡ _____, _____ _____.

Grammar in Real Life

● 실생활 대화를 통해 배운 문법을 확인해 보세요.

1 위 그림을 보고, 다음 스무고개에 대한 답을 찾아 쓰세요.

A: Is this a girl or a boy?

B: It's a girl.

A: Does she read a book?

B: No, she doesn't.

A: Does she hold her hand up?

B: Yes, she does.

A: Now, I got it! The answer is _____!

2 위 그림과 일치하도록 다음 대화를 완성하세요.

❶ A: _____ _____ carry books?

B: Yes, he does.

❷ A: Does Betty finish drawing?

B: _____, _____ _____.

3 빈칸에 알맞은 말을 넣어 문장을 완성하세요.

Matt and Alison _____ _____ _____.

기억하기

1 일반동사의 의문문은 〈Do+주어+동사원형 ~?〉으로 쓴다. 주어가 3인칭 단수일 때는 〈Does+주어+동사원형 ~?〉으로 쓴다.

[평서문] | You | like | apples | . |
주어 / 동사 / 마침표

↓

[의문문] | Do | you | like | apples | ? |
주어 / 동사 / 물음표

2 일반동사 의문문에 대한 대답

– Yes, I[they / you / we] do. / No, I[they / you / we] don't.

– Yes, he[she / it] does. / No, he[she / it] doesn't.

Do you get **up early**? 너는 일찍 일어나니?

– Yes, I do. 응, 그래.

Does your brother get **up early, too**? 너의 형도 일찍 일어나니?

– No, he doesn't. 아니, 그렇지 않아.

Time for a Break

재미있는 발명품들

청소 슬리퍼

걸어 다니면서 청소까지 해결하는 생활의 지혜~ 아주 작은 쓰레기도 편하게 없앨 수 있어요.

버터 스틱

버터를 버터나이프로 떼어내서 빵에 바르는 번거로움은 이제 가라~ 딱풀처럼 간편하게 사용하세요.

피자 커터 서버

피자를 자르고 뜨는 과정을 하나로 만든 기발한 발명품. 자르자마자 접시에 옮겨 담을 수 있어요.

Chapter V 시제

시제

시제(Tense)

어떤 사건이나 행동이 일어난 때를 시간적으로 구별하여 나타내는 것을 말합니다.

과거(Past)

이미 지난일이나 과거의 상태를 나타낼 때 씁니다.
◉ I was a baby.

현재(Present)

현재의 상태 또는 습관처럼 늘 하거나, 지속적으로 일어나거나 변하지 않는 일을 표현할 때 씁니다.
◉ I am an elementary school student.

미래(Future)

앞으로 일어날 일이나 일어날 것 같은 상태를 나타낼 때 씁니다.
◉ I will be a middle school student.

Unit 15 현재시제

Basic Concept 1

01 현재시제

He is very busy now.
그는 지금 매우 바쁘다. 〈현재의 상태〉

Jay eats breakfast at seven.
Jay는 7시에 아침을 먹는다. 〈습관〉

1 **현재시제**는 현재의 상태, 습관 등 일상적이며 반복되는 일을 나타낼 때 **씁니다.**

2 '현재'라는 시간을 나타내기보다는 시간에 상관없이 '사실'인 것을 나타낼 때 주로 씁니다.

3 be동사의 현재형은 주어에 따라 am, are, is를 쓰고, 일반동사의 현재형은 동사원형을 쓰며, 주어가 3인칭 단수일 경우 동사원형에 -(e)s를 붙여 씁니다.

02 현재시제의 쓰임

1 현재 어떤 상태에 있거나 어떤 성질을 가지고 있는지 설명합니다.
예 He is sick. 그는 아프다.

2 반복적인 일상이나 현재의 습관을 설명합니다.
예 She takes a shower every day. 그녀는 매일 샤워를 한다.

3 일반적인 사실이나 과학적인 진리 등을 설명합니다.
예 The earth is round. 지구는 둥글다.

4 주로 현재시제와 함께 쓰이는 표현으로 now, today, every day 등이 있습니다.
예 I am tired now. 나는 지금 피곤하다.

WB 30쪽

정답과 해설 32쪽

1 다음은 Jerry의 하루 일과표입니다. 그림을 보고, <보기>의 표현을 이용하여 문장을 완성하세요. 필요할 경우 형태를 바꿔 쓰세요.

보기 | walk to school   go to bed   come home   get up

❶ Jerry _____ at six.

❷ Jerry _____ at eight.

❸ Jerry _____ at four.

❹ Jerry _____ at eleven.

WB 30쪽

2 다음 문장의 현재시제가 의미하는 것이 무엇인지 ✔표 하세요.

		상태/ 성질	습관/ 일상	사실/ 속담
❶	Linda is a nurse.			
❷	Mickey keeps a diary every night.			
❸	A day has 24 hours.			
❹	The early bird catches the worm.			
❺	She has brown hair.			

도움말

1 반복적인 일상을 나타낼 때는 현재시제를 사용합니다.

2 현재시제는 상태/성질, 습관/일상, 사실/속담 등을 나타낼 때 씁니다.

01 현재진행시제

It rains a lot in the summer.
여름에는 비가 많이 옵니다. 〈현재시제〉

It is raining now.
지금 비가 오고 있습니다. 〈현재진행시제〉

1 현재진행시제는 현재 시점에서 진행 중인 동작을 표현하며 〈be동사의 현재형+동사원형-ing〉의 형태로 나타냅니다.

2 현재진행형 만드는 법

유형	형태	예
대부분의 동사	동사원형 + -ing	eat → eating play → playing
-e로 끝나는 동사	e를 빼고 + -ing	take → taking come → coming
-ie로 끝나는 동사	ie를 y로 고치고 + -ing	lie → lying die → dying
〈단모음 + 단자음〉으로 끝나는 동사	자음을 한 번 더 쓰고 + -ing	stop → stopping run → running

cf. 감정, 인식, 소유 등을 나타내는 hate, like, love, want, need, know, believe, belong, understand, have와 같은 동사들은 일반적으로 진행형으로 사용하지 않습니다.

02 현재진행형의 부정문과 의문문

유형	형태		
부정문	주어 + am[are / is] + not + 동사원형-ing ~.		
의문문	Am[Are / Is] + 주어 + 동사원형-ing ~?	긍정 대답	Yes, 대명사 주어 + be동사.
		부정 대답	No, 대명사 주어 + be동사 + not.

🔊 He is not[isn't] playing computer games. 그는 컴퓨터 게임을 하고 있지 않다.

Are you having a good time? 너는 즐거운 시간을 보내고 있니?

— Yes, I am. / No, I'm not. 네, 보내고 있어요. / 아니요, 그렇지 않아요.

WB 31쪽

정답과 해설 32~33쪽

1 다음은 유진이네 교실 모습입니다. 그림을 보고, 괄호 안의 단어를 이용하여 학생들이 지금 무엇을 하고 있는지 쓰세요.

❶ Hyeonji is ＿＿＿＿＿＿ to music. (listen)

❷ Minho ＿＿＿＿＿＿ the window. (open)

❸ Bora ＿＿＿＿＿＿＿＿＿. (drink, water)

❹ Yujin ＿＿＿＿＿＿＿＿＿. (write, a letter)

WB 31쪽

2 그림을 보고, 각각의 사람이 지금 무엇을 하고 있는지 대답을 완성하세요.

❶ A: What is Jake doing?
B: He ＿＿＿＿＿＿ English.

❷ A: Is Tom singing?
B: No, he isn't.
　　He ＿＿＿＿＿＿.

❸ A: Is Mina standing?
B: ＿＿＿, ＿＿＿＿＿＿.
　　She ＿＿＿＿＿＿.

도움말

1 현재 하고 있는 동작을 나타낼 때는 현재진행형 (be동사의 현재형 + 동사원형-ing)을 씁니다.

2 현재진행형은 <be동사의 현재형 + 동사원형-ing>로 씁니다.

Grammar in Real Life

● 실생활 대화를 통해 배운 문법을 확인해 보세요.

---

1 위 대화의 괄호 안에서 알맞은 동사를 고르세요.

⇒ _____

2 동사의 진행형이 잘못 쓰인 것을 찾아 바르게 고쳐 쓰세요.

_____ ⇒ _____

3 위 대화의 내용과 일치하도록 다음 질문에 대한 답을 영어로 쓰세요.

Q: What is Minho doing now?

⇒ _____

 기억하기

1 현재의 상태, 습관, 반복적인 일, 변하지 않는 사실, 속담 등을 말할 때 현재시제를 쓴다.

2 현재시제와 현재진행시제의 비교

현재시제	현재진행시제
동사의 현재형	am[are / is] + 동사원형-ing
현재의 상태, 습관, 되풀이되는 행위	현재 동작의 진행 (지금 ~하고 있는 중이다)
I usually eat a sandwich for lunch. 나는 보통 점심으로 샌드위치를 먹는다.	I am eating a sandwich now. 나는 지금 샌드위치를 먹고 있다.

3 현재진행형의 부정문과 의문문

부정문	주어 + be동사 현재형 + not + 동사원형-ing ~.	I am not eating a sandwich.
의문문	Be동사 현재형 + 주어 + 동사원형-ing ~?	Are you eating a sandwich?

Time for a Break

알쏭달쏭 이상한 Quiz

1. 이상한 사람들이 가는 곳은?

2. 파인 사과는?

3. 지갑에서 백 원이 나가면?

4. 바나나가 웃는 것은?

5. 왕과 헤어질 때 하는 인사는?

정답 1. Dentist   2. Pineapple   3. Outback   4. Banana kick   5. Bye king

 **Unit 16 과거시제**

01 과거시제

I was a baby.
나는 아기였었다. 〈과거의 상태〉

Last Sunday, he bought a car.
지난 일요일에 그는 차를 샀다. 〈과거의 동작〉

1 **과거시제**는 이미 끝난 과거의 동작이나 상태, 역사적 사실을 나타낼 때 사용됩니다.
> 예 World War I broke out in 1914. 1차 세계대전은 1914년에 일어났다.

2 과거를 나타내는 시간의 부사(구)(yesterday, last, ago, in 년도 등)와 함께 쓰입니다.
> 예 I was in the museum an hour ago. 나는 한 시간 전에 박물관에 있었다.

02 과거시제의 형태

1 be동사의 과거형

현재형	과거형	의미	예문
am, is	was	~이었다, (~에) 있었다	The concert was exciting.
are	were		The students were in the library.

2 일반동사의 과거형

	유형	형태	예
규칙	대부분의 동사	동사원형 + -ed	help → helped
	-e로 끝나는 동사	동사원형 + -d	live → lived
	〈자음 + y〉로 끝나는 동사	y를 i로 고치고 + -ed	study → studied
	〈모음 + y〉로 끝나는 동사	동사원형 + -ed	play → played
	〈단모음 + 단자음〉으로 끝나는 동사	자음을 한 번 더 쓰고 + -ed	stop → stopped
불규칙	do → did go → went come → came have → had see → saw make → made take → took buy → bought let → let cut → cut put → put		

> 예 It snowed yesterday. 어제 눈이 내렸다.
>
> She came back to Korea last week. 그녀는 지난주에 한국으로 돌아왔다.

정답과 해설 33~34쪽

WB 32쪽

1 방학에 한 일을 기록한 표를 보고, 빈칸을 완성하세요.

도움말

activity name	go to the library	see movies	draw a picture	visit a zoo
Jiwon	✓	✓		
Minjae		✓		✓
Jiyeong			✓	

❶ Jiwon _____ and _____ movies.

❷ Minjae _____ movies and _____.

❸ Jiyeong _____.

1) 방학에 한 일이므로 과거시제를 써야 합니다.

WB 32쪽

2 주어진 동사를 골라 빈칸에 알맞게 고쳐 쓰세요.

buy	write	come

❶ Suyeong _____ home an hour ago.

❷ Jasmin _____ a new shirt last Friday.

❸ Sue _____ an e-mail to her parents yesterday.

2) ago, last Friday, yesterday는 과거를 나타내는 부사(구)입니다.

01 과거시제 부정문

유형	형태
be동사	주어 + was not[wasn't] ~
	주어 + were not[weren't] ~
일반동사	주어 + did not[didn't] + 동사원형 ~

1 과거에 하지 않은 일을 말할 때 be동사 바로 뒤에 not을 붙입니다. was not은 wasn't로, were not은 weren't로 줄여 쓸 수 있습니다.

I was not[wasn't] at home then. 나는 그때 집에 있지 않았다.

We were not[weren't] angry yesterday. 우리는 어제 화가 나지 않았다.

2 일반동사의 경우에는 did not을 쓰고, 그 뒤에 동사원형을 씁니다. did not은 didn't로 줄여 쓸 수 있습니다.

I did not do my homework. 나는 숙제를 하지 않았다.

She didn't go home. 그녀는 집에 가지 않았다.

02 과거시제 의문문

유형	형태	긍정의 대답	부정의 대답
be동사 의문문	Was / Were + 주어 ~?	Yes, 대명사 주어 + was. Yes, 대명사 주어 + were.	No, 대명사 주어 + wasn't. No, 대명사 주어 + weren't.
일반동사 의문문	Did + 주어 + 동사원형 ~?	Yes, 대명사 주어 + did.	No, 대명사 주어 + didn't.

1 과거의 일을 물을 때 be동사의 경우 Was[Were]를 맨 앞에 쓰고 주어를 쓴 뒤, 문장의 끝에 물음표(?)를 붙입니다.

Was she a teacher? 그녀는 선생님이셨니?

– Yes, she was. / No, she wasn't. 응, 그랬어. / 아니, 그렇지 않았어.

Were they busy? 그들은 바빴니?

– Yes, they were. / No, they weren't. 응, 그랬어. / 아니, 그렇지 않았어.

2 일반동사의 경우 Did를 쓰고 주어와 동사원형을 쓴 뒤, 문장의 끝에 물음표(?)를 붙입니다.

Did you do your homework? 너는 숙제를 했니?

– Yes, I did. / No, I didn't. 네, 했어요. / 아니요, 하지 않았어요.

PRACTICE 2

1 그림을 보고, 괄호 안의 단어를 활용하여 문장을 완성하세요.

❶ Mike _____ baseball last Sunday. (play)

❷ Tom _____ walk yesterday.
He _____ then.
(ride)

❸ A: _____ Mary _____ to school yesterday? (go)
B: _____, she _____.

2 다음은 Murphy가 어제 한 일입니다. 그림을 보고, 대화를 완성하세요.

❶ A: _____ Murphy do exercise?
B: No, _____.

❷ A: _____ Murphy take a bath?
B: Yes, he did. He _____ a bath yesterday.

❸ A: _____ in the library?
B: No, _____.
He was in the playground.

도움말

1) last Sunday, yesterday, then은 과거를 나타내는 말이므로 과거시제를 써야 합니다.

2) 어제 한 일이므로 과거시제를 써야 합니다.

Grammar in Real Life

● 실생활 대화를 통해 배운 문법을 확인해 보세요.

Hi! Kevin!

Hi! How was your trip to England?

It ❶(is / was) great!

What did you do there?

I saw 'Big Ben' and visited London Bridge.

Oh, did you buy anything?

Sure. I ❷(buyed / bought) many things like postcards and candies.

Wow. You ❸ have a wonderful time.

1 위 대화의 괄호 ❶과 ❷에서 알맞은 동사를 고르세요.

❶ _____   ❷ _____

2 밑줄 친 ❸의 동사의 형태를 바르게 고쳐 쓰세요.

➡ _____

3 위 대화의 내용과 일치하도록 다음 질문에 대한 답을 영어로 쓰세요.

Q: What did the girl do in England?

➡ _____

Wrap Up

기억하기

1 과거시제는 과거의 상태, 과거의 동작, 역사적 사실을 나타낸다.

2 과거시제의 부정문

유형	형태
be동사	주어 + was not[wasn't] ~. / 주어 + were not[weren't] ~.
일반동사	주어 + did not[didn't] + 동사원형 ~.

3 과거시제의 의문문

유형	형태	긍정의 대답	부정의 대답
be동사	Was / Were + 주어~?	Yes, 대명사 주어 + was[were].	No, 대명사 주어 + wasn't[weren't].
일반동사	Did + 주어 + 동사원형 ~?	Yes, 대명사 주어 + did.	No, 대명사 주어 + didn't.

Time for a Break

그림으로 보는 성격 테스트

★ 마음에 드는 그림 하나를 골라 보세요.

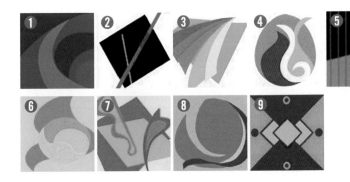

1. 민감한 (Sensitive)
2. 독립적인 (Independent)
3. 활동적인 (Active)
4. 현실적인 (Realistic)
5. 프로 기질의 (Professional)
6. 평온한 (Peaceful)
7. 쾌활한 (Cheerful)
8. 감성적인 (Emotional)
9. 곧 분석적인 (Analytic)

01 미래시제

〈미래의 일을 예상〉

미래시제는 미래의 일을 예상하거나 앞으로의 계획을 말할 때 씁니다.

예 It is going to rain soon. 곧 비가 올 거야.

I will carry it for you. 내가 너를 위해 그것을 들어 줄게.

02 미래시제의 형태

1 will은 '~할 것이다, ~하겠다'라는 뜻으로 미래나 주어의 의지를 나타냅니다. will은 주어와 상관없이 항상 형태가 같으며, 주어와 will은 주어'll로 줄여 쓸 수 있습니다. will의 부정은 will not인데 won't로 줄여 쓸 수 있습니다.

긍정문	주어 + will + 동사원형 ~.		
부정문	주어 + will not[won't] + 동사원형 ~.		
의문문	Will + 주어 + 동사원형 ~?	긍정 대답	Yes, 대명사 주어 + will.
		부정 대답	No, 대명사 주어 + won't.

예 I will[I'll] meet you again. 나는 너를 다시 만날 것이다.

She will not[won't] be angry. 그녀는 화를 내지 않을 것이다.

Will you help me? 너는 나를 도와주겠니?

– Yes, I will. / No, I won't. 응, 그럴게. / 아니, 그러지 않을 거야.

2 be going to는 '~할 것이다, ~할 계획이다'라는 뜻으로 가까운 미래나 예정된 미래의 일을 나타냅니다.

긍정문	주어 + be동사의 현재형 + going to + 동사원형 ~.		
부정문	주어 + be동사의 현재형 + not + going to + 동사원형 ~.		
의문문	Be동사의 현재형 + 주어 + going to + 동사원형 ~?	긍정 대답	Yes, 대명사 주어 + be동사.
		부정 대답	No, 대명사 주어 + be동사 + not.

예 She is going to visit me. 그녀는 나를 방문할 것이다.

He is not going to learn Chinese. 그는 중국어를 배우지 않을 것이다.

Are they going to take a walk? 그들은 산책을 할 예정이니?

– Yes, they are. / No, they aren't. 응, 그럴 거야. / 아니, 그러지 않을 거야.

PRACTICE 1

정답과 해설 35~36쪽

WB 34쪽

1 다음 그림은 미래의 계획을 나타냅니다. 각각의 그림과 어울리도록 빈칸을 완성하세요.

도움말

1️⃣ 미래의 계획을 나타낼 때는 <will+동사원형>이나 <be 동사의 현재형+going to+ 동사원형>을 씁니다.

❶ He _____ from now on.

❷ He _____ to Paris this weekend.

❸ She _____ her grandmother tomorrow.

WB 34쪽

2 그림과 일치하도록 괄호 안의 단어를 이용하여 대화를 완성하세요.

2️⃣ will을 이용한 의문문은 <Will + 주어 + 동사원형 ~?>으로 씁니다.

❶ A: Will _____?
　 B: No, _____.
　　 He _____.

(Jinsu / clean his house)

❷ A: Will _____?
　 B: _____.
　　 She will help her mom.

(Sumin / cook dinner)

01 미래를 나타내는 현재시제와 현재진행시제

go 가다	come 오다	leave 떠나다	depart 출발하다
arrive 도착하다	reach 도착하다	start 시작하다, 출발하다	

1 주로 오고가는 이동의 뜻을 갖는 동사들이 미래를 나타내는 표현과 함께 쓰이면, 현재시제 또는 현재진행시제로 미래를 나타낼 수 있습니다.

🔊 She leaves for America tomorrow. 그녀는 내일 미국으로 떠날 것이다.

(=She is leaving for America tomorrow.)

02 미래를 나타내는 표현들

1 미래를 나타내는 부사(구)에는 tomorrow, next, in 등이 있습니다.

tomorrow		next	in
tomorrow	morning 내일 아침 afternoon 내일 오후 evening 내일 저녁 night 내일 밤	year 내년 next month 다음 달 week 다음 주	~ minutes ~분 후에 in ~ hours ~시간 후에 ~ days ~일 후에

2 미래를 나타내는 관용 표현들도 있습니다.

be about to + 동사원형 : 막 ~하려고 하다
be due to + 동사원형 : ~하기로 되어 있다

🔊 I am about to leave soon. 나는 곧 떠나려고 한다.

The next meeting is due to be held in two weeks. 다음 회의가 2주 후에 열리기로 되어 있다.

정답과 해설 36쪽

1 다음 문장을 바르게 해석한 것을 고르세요.

❶ I am going later.
ⓐ 나는 지금 가는 중이다. ( )
ⓑ 나는 나중에 갈 것이다. ( )

❷ The train is arriving soon.
ⓐ 그 기차는 도착하는 중이다. ( )
ⓑ 그 기차는 곧 도착할 것이다. ( )

❸ The bus leaves in five minutes.
ⓐ 그 버스는 5분 후에 떠날 것이다. ( )
ⓑ 그 버스는 5분 전에 떠났다. ( )

도움말

1) go, arrive, leave 등의 동사가 미래를 나타내는 말과 쓰이면 현재시제 또는 현재진행시제로 나타냅니다.

2 다음은 학급 친구들이 내일 방과 후에 할 일입니다. 그림과 일치하도록 문장을 완성하세요.

Minjae	Suhyeon and Minsu	Jaeun

❶ Minjae is _____.

❷ Suhyeon and Minsu _____.

❸ Jaeun _____.

2) 내일 방과 후에 하는 일이므로 미래시제(will/be going to)를 이용해서 문장을 완성합니다.

Unit 17 미래시제 • **121**

Grammar in Real Life

● 실생활 대화를 통해 배운 문법을 확인해 보세요.

1 위 대화의 ❶의 우리말을 영어로 쓰세요.

➡ _____

2 위 대화의 밑줄 친 ❷의 동사를 알맞은 형태로 고쳐 쓰세요.

➡ _____

3 위 대화의 내용과 일치하도록 다음 질문에 대한 답을 영어로 쓰세요.

Q: What will the boy buy for his friend?

➡ _____

1 미래시제의 쓰임

	will + 동사원형	be동사 현재형 + going to + 동사원형
뜻	~할 것이다, ~하겠다	~할 것이다, ~할 계획이다
부정문	주어 + will not[won't] + 동사원형 ~.	주어 + be동사 현재형 + not + going to + 동사원형 ~.
의문문	Will + 주어 + 동사원형 ~?	Be동사 현재형 + 주어 + going to + 동사원형 ~?

2 be going to와 현재진행시제의 차이

- be going to + 동사원형 : ~할 것이다 〈미래〉
  We are going to go to the beach. 우리는 해변에 갈 것이다.
- be going to + 장소 : ~에 가고 있다 〈현재진행형〉
  We are going to the beach. 우리는 해변으로 가고 있다.

영어 이름의 유래

영어 이름에 담긴 뜻

Aron 훌륭한 사람   Isaac 웃는 사람
Bernard 굵직한 곰   Keith 바람 부는
Edward 행복의 옹호자   Peter 바위
Eliot 사냥꾼   Nicole 정복자
Frank 자유   Gloria 영광
Wendy 방랑자   Jennifer 하얀 파도

직업에서 온 성(Last name)

제빵사 Baker   사냥꾼 Hunter
농부 Bauer   대장장이 Smith
목수 Carpenter   양복장이 Taylor
나무꾼 Foster   염색업자 Dyer
화살 만드는 사람 Fletcher
마차 만드는 사람 Wagner

① 시제 일치의 원칙

I am wearing my ring now.
나는 지금 반지를 끼고 있다. 〈현재진행〉

I lost my ring an hour ago.
나는 한 시간 전에 반지를 잃어버렸다. 〈과거〉

1 문장에 현재를 나타내는 부사(now, nowadays)가 쓰이면 **현재시제**나 **현재진행시제**로 씁니다.

> 예) I am now ready to go. 나는 지금 갈 준비가 되어 있다.
>
> I feel great nowadays. 나는 요즘 기분이 좋다.
>
> She is playing badminton now. 그녀는 지금 배드민턴을 치고 있다.

2 문장에 과거를 나타내는 부사(구)(yesterday, ago, last, then 등)가 쓰이면 **과거시제**로 씁니다.

> 예) I walked to the library yesterday. 나는 어제 도서관에 걸어갔다.
>
> James helped me four days ago. James는 4일 전에 나를 도와주었다.
>
> Mary met Harry on the street last Monday. Mary는 지난 월요일 길거리에서 Harry를 만났다.

② 미래시제와 함께 쓰이는 부사(구)와 미래시제

1 문장에 미래를 나타내는 부사(구)(tomorrow, next, later 등)가 쓰이면 **미래시제**로 씁니다.

> 예) They are going to go to Alaska next month. 그들은 다음 달에 알래스카에 갈 것이다.
>
> I will meet her at six tomorrow morning. 나는 내일 아침 6시에 그녀를 만날 것이다.

2 동사의 미래형은 will이나 be going to를 사용하여 표현할 수 있습니다.

will	~할 것이다, ~하겠다	미래에 대한 추측이나 의지를 나타낼 때
be going to	~할 것이다, ~할 계획이다	가까운 미래의 일이나 예정을 나타낼 때

> 예) I will show you my album. 네게 내 사진첩을 보여 줄게.
>
> What are you going to do this weekend? 넌 이번 주말에 무엇을 하려고 하니?

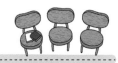
PRACTICE 1

WB 36쪽

1 괄호 안의 단어를 활용하여 문장을 완성하세요.

❶
Jacob _____ to Egypt in 2002. (go)

❷
Jim _____ at the supermarket yesterday. (be)

❸
Last Sunday, my mom _____ a cake. (make)

WB 36쪽

2 다음은 수민이의 계획을 나타낸 그림입니다. 그림과 일치하도록 문장을 완성하세요.

tomorrow	next year	10 years later

❶ Sumin _____ _____ _____ _____ the piano tomorrow.

❷ She _____ _____ math hard next year.

❸ She _____ _____ _____ _____ all around the world 10 years later.

도움말

1) 과거를 나타내는 부사(구)가 쓰이면 과거시제를 써야 합니다.

2) 미래를 나타내는 부사(구)가 쓰이면 미래시제를 써야 합니다.

01 시제 일치의 예외 (현재시제)

현재의 습관

일반적 사실

현재의 습관, 과학적[일반적] 사실, 진리, 속담 등은 주절의 시제와 상관없이 항상 **현재시제**를 씁니다.

Jina said that she goes to bed at 10 p.m. every day.

Jina는 매일 밤 10시에 잠자리에 든다고 말했다. 〈습관〉

They said that Christmas is on December 25th. 그들은 성탄절이 12월 25일이라고 말했다. 〈일반적 사실〉

My mom said that time is money. 엄마께서 시간은 돈이라고 말씀하셨다. 〈격언〉

여기서 잠깐!

두 개 이상의 단어로 되어 있으며 주어와 동사가 없으면 **구**   an interesting book
두 개 이상의 단어가 모여 문장의 일부를 구성함과 동시에 주어와 동사를 갖추고 있으면 **절**

I know that it is an interesting book.
주절   종속절

02 시제 일치의 예외 (과거시제)

역사적 사실

역사적 사실은 주절의 시제와 상관없이 항상 **과거시제**를 씁니다.

You will learn that Columbus discovered America in 1492.

너는 콜럼버스가 1492년에 아메리카 대륙을 발견했다는 것을 배울 것이다.

My teacher says that the Korean War broke out in 1950.

나의 선생님께서는 한국 전쟁이 1950년에 일어났다고 말씀하신다.

WB 37쪽

1 그림을 보고, 괄호 안의 단어를 바르게 배열하여 문장을 완성하세요.
필요한 경우 단어의 형태를 바꾸세요.

❶

(independence, in 1945, regain, our country)

➡ I know that _____.

❷

(the Earth, move, around, the Sun)

➡ The child didn't know that _____

_____.

WB 37쪽

2 자연스러운 문장이 되도록 서로 연결하세요.

❶ Princess Diana •
　　　• dies •
　　　• died •
　　　　　• in 1997.

❷ Light •
　　　• travels •
　　　• traveled •
　　　　　• faster than sound.

❸ Frank Epperson •
　　　• invents •
　　　• invented •
　　　　　• the Popsicle in 1905.

❹ Slow and steady •
　　　• wins •
　　　• won •
　　　　　• the race.

도움말

1) 역사적 사실은 과거시제로, 과학적 사실은 현재시제로 씁니다.

2) 불변의 진리나 속담은 현재시제를 쓰고, 역사적 사실은 과거시제를 씁니다.

Grammar in Real Life

● 실생활 대화를 통해 배운 문법을 확인해 보세요.

Mina! I ❶ (find / found) a four-leaf clover yesterday.

Wow. You were lucky.

Yeah! It was a lucky day. I got a goal in the soccer game. My team won.

It's cool! Do you play soccer every day?

No, I don't. Do you like soccer?

Yes. My father ❷ be a soccer player in the 1970s. I ❸ be a soccer player in the future.

Really? Let's practice together.

Okay. Practice makes perfect.

1 위 대화의 괄호 ❶에서 알맞은 동사를 골라 쓰세요.

➡ _____

2 위 대화의 밑줄 친 ❷와 ❸의 동사를 바르게 고쳐 쓰세요.

❷ ➡ _____   ❸ ➡ _____

3 위 대화가 끝나고 두 학생이 할 일을 영어로 쓰세요.

➡ They _____.

 **기억하기**

1 과거시제와 함께 쓰이는 부사(구)

과거를 나타내는 부사(구)	
last	last night, last month, last year 등
ago	a few minutes ago, two days ago, three years ago 등
그 외의 부사(구)	yesterday, the day before yesterday, then 등

2 미래시제와 함께 쓰이는 부사(구)

미래를 나타내는 부사(구)	
next	next week, next month, next year 등
later	a few minutes later, two days later, three years later 등
그 외의 부사(구)	tomorrow, the day after tomorrow, soon 등

3 불변의 진리, 속담, 격언, 현재의 습관, 과학적인 사실 등은 항상 현재시제로 쓴다.

4 역사적인 사실은 항상 과거시제로 쓴다.

Time for a Break

세계의 아름다운 섬

1.   Cape Breton Island   2.   Bali   3.   Santorini

1. 케이프브레턴 섬: 캐나다 대서양 연안에 있으며 빼어난 경치로 유명하다. 300km에 달하는 캐벗 트레일(Cabot Trail)이 있다.

2. 발리: 아름다운 해변과 파도로 유명한 인도네시아의 대표 관광지이다.

3. 산토리니: 그리스의 산토리니는 '빛에 씻긴 섬'이라는 뜻으로 많은 이들이 꼭 가 보고 싶어 하는 곳이다. 한낮에도 햇빛의 각도에 따라 전혀 다른 장면이 연출된다.

Actual Test 2

[01-02] 다음 빈칸에 들어갈 알맞은 말을 고르세요.

01

He _____ a baby ten years ago.

① is   ② are

③ was   ④ were

⑤ will be

02

Columbus _____ America in 1492.

① discover

② discovers

③ discoveres

④ discovered

⑤ will discover

[03-05] 다음 빈칸에 들어갈 말이 바르게 짝지어진 것을 고르세요.

03

A: _____ you meet him last night?

B: Yes. I _____ him.

① Do – met   ② Are – was

③ Do – meet   ④ Did – met

⑤ Did – meet

04

• We _____ our homework at home.

• Lisa _____ a lot of questions.

① do – ask   ② does – ask

③ do – asks   ④ does – asks

⑤ does – askes

05

• It _____ tomorrow.

• I _____ a shower every day.

① rain – take

② rains – takes

③ rains – will take

④ will rain – take

⑤ will rains – will take

[06-07] 다음 중 바르게 쓰인 문장을 고르세요.

06 ① Nick is having lunch.
② I will a good designer.
③ Mr. Choi is busy tomorrow.
④ He is playing not basketball.
⑤ I will visited my grandmother.

07 ① We played soccer now.
② Sujin and Mary went home last night.
③ We are going on a field trip in 2010.
④ They learn an important lesson yesterday.
⑤ He will finish his homework a few minutes ago.

[08-09] 다음 대화의 빈칸에 들어갈 알맞은 말을 고르세요.

08
> A: _____
> B: No, they don't.

① Are you Korean?
② Are you students?
③ Does Tom ride a bicycle?
④ Do we go to the bookstore?
⑤ Do Kevin and Jim play badminton?

09
> A: What are you going to do?
> B: _____

① Yes, I am.
② I went home.
③ Yes, I have to do it.
④ I'm good at jumping.
⑤ I'm going to go shopping.

10 다음 중 밑줄 친 부분의 쓰임이 나머지 넷과 <u>다른</u> 것은?

① I'm going to make a plan.
② I'm going to the zoo now.
③ I'm going to write a letter.
④ I'm going to go to London.
⑤ I'm going to have a party tonight.

11 다음 문장을 부정문으로 바르게 고친 것은?

① My friends are angry.
➡ My friends don't angry.
② It was my 13th birthday.
➡ It isn't my 13th birthday.
③ I called Minji yesterday.
➡ I didn't called Minji yesterday.
④ Bobby likes action movies.
➡ Bobby doesn't likes action movies.
⑤ I had five classes on Monday.
➡ I didn't have five classes on Monday.

12 다음 중 틀린 곳을 바르게 고치지 <u>않은</u> 것은?

① Mina sing very well.
➡ Mina sings very well.
② He need some help.
➡ He needs some help.
③ Jessy play the violin.
➡ Jessy plays the violin.
④ She have a lovely doll.
➡ She has a lovely doll.
⑤ He fly to many countries.
➡ He flys to many countries.

[13-15] 다음 글을 읽고, 물음에 답하세요.

I ⓐ<u>was</u> busy yesterday.
In the morning, I ⓑ<u>played</u> basketball and ⓒ<u>did</u> my homework after school. Then I ⓓ<u>watched</u> a movie with my friends. After dinner, I ⓔ<u>comed</u> back home.
Tomorrow I ___(A)___ swimming. But on this Saturday, I ___(B)___ any plan.

13 위 글의 밑줄 친 ⓐ ~ ⓔ 중 틀린 것은?

① ⓐ   ② ⓑ
③ ⓒ   ④ ⓓ
⑤ ⓔ

14 위 글의 빈칸 (A)에 들어갈 말로 알맞은 것은?

① go   ② goes
③ went   ④ will go
⑤ will goes

15 위 글의 빈칸 (B)에 들어갈 말로 알맞은 것은?

① have
② don't has
③ didn't has
④ don't have
⑤ didn't have

16 다음 글에서 **틀린** 부분을 두 군데 찾아 바르게 고치세요.

> On Sunday morning, Jina took a walk. Then, she sees two boys. They waited for a bus. But the bus don't stop.

(1) _____ ➡ _____
(2) _____ ➡ _____

17 다음은 수진이의 일과표입니다. 일과표와 일치하도록 조건에 알맞은 문장을 쓰세요.

7:30 ~ 8:00	have breakfast
8:00 ~ 8:30	go to school
8:30 ~ 16:00	study at school
16:00 ~ 18:30	play with friends
18:30 ~ 19:30	have dinner
19:30 ~ 21:30	do homework
21:30 ~ 22:30	watch TV
22:30 ~ 7:00	sleep

[조건]
1. 현재진행형을 사용할 것
2. 주어와 동사를 포함하는 완전한 문장으로 쓸 것

보기 It's 7:45. Sujin is having breakfast.

(1) It's 13:00.

_____

(2) It's 22:00.

_____

18 다음 문장에서 **틀린** 부분을 찾아 바르게 고쳐 문장을 다시 쓰세요.

(1) A day had twenty-four hours.
하루는 24시간이다.

➡ _____

(2) Linda don't do her homework yesterday.
Linda는 어제 그녀의 숙제를 하지 않았다.

➡ _____

[19-20] 다음 질문에 알맞은 대답을 완성하세요.

19
Q: Will you buy a book tomorrow?
➡ No, _____.

20
Q: Is Jim going to visit you soon?
➡ Yes, _____.

Extra Chapter 중요 문법 표 모음

1 복수명사 만들기(규칙형)

만드는 법		예	
대부분의 명사	+ -s	book → books	key → keys
〈자음 + y〉로 끝나는 명사	y → -ies	baby → babies	story → stories
-f(e)로 끝나는 명사	f(e) → -ves	wife → wives	leaf → leaves
-x, -s, -sh, -ch로 끝나는 명사	+ -es	fox → foxes dish → dishes	bus → buses church → churches

2 인칭대명사와 소유대명사

		인칭대명사			소유대명사
		주격	소유격	목적격	
단수	1인칭	I	my	me	mine 나의 것
	2인칭	you	your	you	yours 너의 것
	3인칭	he/she/it	his/her/its	him/her/it	his/hers 그의 것/그녀의 것
복수	1인칭	we	our	us	ours 우리들의 것
	2인칭	you	your	you	yours 너희들의 것
	3인칭	they	their	them	theirs 그들의 것

3 be동사 일치와 줄임말

수	대명사	be동사 현재형	줄임말
단수	I 나는	am	I'm
	you 너는	are	you're
	he 그는 / she 그녀는	is	he's / she's
	this 이 사람은, 이것은		–
	that 저 사람은, 저것은		that's
	it 그것은		it's
복수	we 우리는	are	we're
	you 너희들은		you're
	they 그들은, 그것들은		they're
	these 이 사람들은, 이것들은		–
	those 저 사람들은, 저것들은		–

④ 일반동사의 과거형 만들기(규칙)

	유형	형태	예
규칙	대부분의 동사	동사원형 + -ed	help → helped
	-e로 끝나는 동사	동사원형 + -d	live → lived
	〈자음 + y〉로 끝나는 동사	y를 i로 고치고 + -ed	study → studied
	〈모음 + y〉로 끝나는 동사	동사원형 + -ed	play → played
	〈단모음 + 단자음〉으로 끝나는 동사	자음을 한 번 더 쓰고 + -ed	stop → stopped

⑤ 불규칙 동사표

현재	과거	뜻	현재	과거	뜻
be[am/are/is]	was/were	~이다, 있다	get	got	되다, 받다
become	became	~이 되다	grow	grew	자라다
begin	began	시작하다	have	had	가지다
blow	blew	불다	hear	heard	듣다
break	broke	부수다, 깨다	hold	held	들다, 쥐다
bring	brought	가져오다	know	knew	알다
build	built	짓다	leave	left	떠나다
buy	bought	사다	lose	lost	잃다
can	could	~할 수 있다	make	made	만들다
catch	caught	잡다	pay	paid	지불하다
choose	chose	고르다	put	put	놓다
come	came	오다	read	read	읽다
do	did	하다	rise	rose	올라가다
draw	drew	그리다	run	ran	달리다
drink	drank	마시다	see	saw	보다
drive	drove	운전하다	sell	sold	팔다
eat	ate	먹다	speak	spoke	말하다
fall	fell	넘어지다	swim	swam	수영하다
feel	felt	느끼다	take	took	가지고 가다
find	found	찾다	teach	taught	가르치다
fly	flew	날다	wear	wore	입고 있다
forget	forgot	잊어버리다	win	won	이기다
go	went	가다	write	wrote	쓰다

Memo

효과가 상상 이상입니다.

예전에는 아이들의 어휘 학습을 위해 학습지를 만들어 주기도 했는데,
이제는 이 교재가 있으니 어휘 학습 고민은 해결되었습니다.
아이들에게 아침 자율 활동으로 할 것을 제안하였는데,
"선생님, 더 풀어도 되나요?"라는 모습을 보면,
아이들의 기초 학습 습관 형성에도 큰 도움이 되고 있다고 생각합니다.

ㄷ초등학교 안○○ 선생님

어휘 공부의 힘을 느꼈습니다.

학습에 자신감이 없던 학생도 이미 배운 어휘가 수업에 나왔을 때 반가워합니다.
어휘를 먼저 학습하면서 흥미도가 높아지고
동기 부여가 되는 것을 보면서 어휘 공부의 힘을 느꼈습니다.

ㅂ학교 김○○ 선생님

학생들 스스로 뿌듯해해요.

처음에는 어휘 학습을 따로 한다는 것 자체가 부담스러워했지만,
공부하는 내용에 대해 이해도가 높아지는 경험을 하면서
스스로 뿌듯해하는 모습을 볼 수 있었습니다.

ㅅ초등학교 손○○ 선생님

앞으로도 활용할 계획입니다.

학생들에게 확인 문제의 수준이 너무 어렵지 않으면서도
교과서에 나오는 낱말의 뜻을 확실하게 배울 수 있었고,
주요 학습 내용과 관련 있는 낱말의 뜻과 용례를
정확하게 공부할 수 있어서 효과적이었습니다.

ㅅ초등학교 지○○ 선생님

학교 선생님들이 확인한
어휘가 문해력이다의 학습 효과!
직접 경험해 보세요

학기별 교과서 어휘 완전 학습
<어휘가 문해력이다>
—— 예비 초등 ~ 중학 3학년 ——

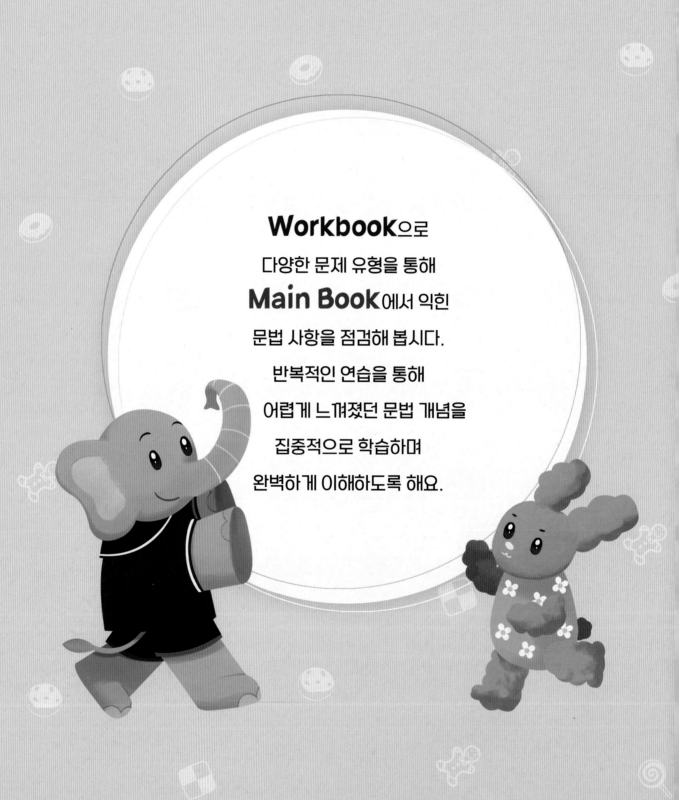

Workbook으로
다양한 문제 유형을 통해
Main Book에서 익힌
문법 사항을 점검해 봅시다.
반복적인 연습을 통해
어렵게 느껴졌던 문법 개념을
집중적으로 학습하며
완벽하게 이해하도록 해요.

EBS
기초 영문법 1

Workbook·정답과 해설

중학 영어 내신 만점을 위한 첫걸음
초등 영어를 정리하고 중학 으로 도약하자!

WORKBOOK

A 다음 중 문장에 해당하는 것에만 S라고 쓰세요.

1　cake　_____

2　we　_____

3　I am a boy.　_____

4　sunny days　_____

5　Do you like music?　_____

6　in an apartment　_____

7　movie theater　_____

8　My sister and I　_____

9　My sister likes chocolate.　_____

10　t e n n i s ...tennis　_____

B 다음 문장을 〈보기〉처럼 주부와 술부로 나누세요.

| 보기 | **The children / are singing.** |

1　I can play the piano.

2　Tommy and Joanne live in Seoul.

3　My dad is a teacher.

4　My teacher loves coffee.

5　My family is tall.

6　My dog, Toby, is so cute.

7　Ten little bears are singing.

8　Sarah and Jessy are good friends.

9　It is sunny today.

10　A book, a pencil, and an eraser are on the desk.

C 〈보기〉를 참고하여 다음 문장의 밑줄 친 부분의 구성 요소를 쓰세요.

보기	주어-**S** 동사-**V** 목적어-**O** 보어-**C**

① We eat dinner. 우리는 저녁을 먹는다. ＿＿＿＿＿

② She is my teacher. 그녀는 나의 선생님이시다. ＿＿＿＿＿

③ I can play the violin. 나는 바이올린을 연주할 수 있다. ＿＿＿＿＿

④ He and she like cats. 그와 그녀는 고양이를 좋아한다. ＿＿＿＿＿

⑤ Kate feels happy. Kate는 행복하다. ＿＿＿＿＿

⑥ I like pineapples. 나는 파인애플을 좋아한다. ＿＿＿＿＿

⑦ He is drawing a rainbow. 그는 무지개를 그리고 있다. ＿＿＿＿＿

⑧ He became a great teacher. 그는 훌륭한 선생님이 되었다. ＿＿＿＿＿

⑨ I study Japanese. 나는 일본어를 공부한다. ＿＿＿＿＿

⑩ You look so nice, today! 너 오늘 좋아 보인다! ＿＿＿＿＿

D 밑줄 친 부분이 꾸며 주는 말을 찾아 쓰세요.

① I have a blue T-shirt. ＿＿＿＿＿

② I can speak loudly. ＿＿＿＿＿

③ Iron Man is a strong man. ＿＿＿＿＿

④ I will study hard. ＿＿＿＿＿

⑤ Have a nice day. ＿＿＿＿＿

⑥ He runs fast. ＿＿＿＿＿

⑦ China is a big country. ＿＿＿＿＿

⑧ I have a cute rabbit. ＿＿＿＿＿

⑨ My dad cooks well. ＿＿＿＿＿

⑩ You look very beautiful. ＿＿＿＿＿

A 다음 중에서 명사를 골라 ✓표 하세요.

❶ ☐ go ☐ milk
❷ ☐ I ☐ Victoria
❸ ☐ school ☐ it
❹ ☐ egg ☐ eat
❺ ☐ give ☐ hand
❻ ☐ artist ☐ draw
❼ ☐ family ☐ she
❽ ☐ this ☐ Korea
❾ ☐ river ☐ flow
❿ ☐ write ☐ pen

B 다음 문장에서 동사를 찾아 동그라미 하고 그 뜻을 쓰세요.

❶ I go to school by bus. _____
❷ They are my parents. _____
❸ We eat sandwiches in the morning. _____
❹ I play the piano. _____
❺ My uncle runs fast. _____
❻ I see a rainbow in the sky. _____
❼ I brush my teeth. _____
❽ We sing a song together. _____
❾ My friends smile at me. _____
❿ I have some money. _____

C 다음 문장에서 대명사를 모두 찾아 쓰세요. 없을 경우, ×라고 표시하세요.

① We eat pizza for lunch. 우리는 점심으로 피자를 먹는다. _____

② She is a teacher. 그녀는 선생님이시다. _____

③ Tom is handsome. I love him. Tom은 잘생겼다. 나는 그를 사랑한다. _____

④ Mr. & Mrs. Kim have a big house. 김 씨 부부는 큰 집을 가지고 있다. _____

⑤ They make cookies for the children. 그들은 아이들을 위해 쿠키를 만든다. _____

⑥ This is a big car. 이것은 큰 차다. _____

⑦ People like to go shopping. 사람들은 쇼핑하는 것을 좋아한다. _____

⑧ Peter and Mary go to the concert. Peter와 Mary는 콘서트에 간다. _____

D 〈보기〉를 참고하여 알맞은 품사를 골라 동그라미 하세요.

보기	명사 – 명	대명사 – 대	동사 – 동

① We   are   singers. 우리는 가수들이다.
　(명/대) (동/명)　(명/대)

② Rabbits have long ears. 토끼는 긴 귀를 가지고 있다.
　(명/대)　(동/명)　　(명/대)

③ I   buy   a new computer. 나는 새 컴퓨터를 산다.
(명/대) (동/명)　　(명/대)

④ The baby is my   brother. 그 아기는 내 남동생이다.
　　(명/대) (동/명)　(명/대)

⑤ Watermelons   are on the table. 수박들이 탁자 위에 있다.
　　(명/대)　　(동/명)　(명/대)

⑥ Mr. & Mrs. Kim like coffee. 김 씨 부부는 커피를 좋아한다.
　　(명/대)　　(동/명) (명/대)

⑦ Lee Gwang-su is   an actor. 이광수는 배우이다.
　(명/대)　(동/명)　(명/대)

⑧ They   fish in the river. 그들은 강에서 낚시를 한다.
　(명/대) (동/명)　(명/대)

A 밑줄 친 부분이 명사의 의미를 자세하게 해 주는 말이면 '형', 동사의 의미를 더해 주는 말이면 '부'라고 쓰세요.

1. <u>beautiful</u> princess   _____
2. <u>new</u> school   _____
3. sings <u>loudly</u>   _____
4. <u>wise</u> woman   _____
5. speak <u>well</u>   _____
6. dance <u>merrily</u>   _____
7. <u>honest</u> boy   _____
8. <u>red</u> shirt   _____
9. <u>kind</u> fairy   _____
10. walk <u>carefully</u>   _____

B 다음 문장에서 형용사에는 세모, 부사에는 동그라미를 그리세요.

1. Geppeto was an old carpenter.
2. The town is small and beautiful.
3. They lived happily ever after.
4. She played music softly.
5. I get up early in the morning.
6. I go to bed late.
7. We dance poorly.
8. My mom speaks quietly.
9. I do my homework quickly.
10. We make fresh cheese every morning.

C 전치사가 필요한 빈칸에는 ☆을, 접속사가 필요한 빈칸에는 ◇를 넣으세요.

1. I have a dog, _____ its name is Toby.

2. You can go to school by bus _____ by train.

3. I live _____ Seoul.

4. I like ice cream _____ pizza.

5. We take an airplane _____ the airport.

6. I eat cookies _____ fruit.

7. My dad likes noodles, _____ my mom doesn't.

8. A cat is _____ the tree.

9. I have some candies _____ my pocket.

10. Let's play _____ the playground.

D 〈보기〉에서 괄호 안에 주어진 품사에 해당하는 단어를 골라 문장을 완성하세요.

보기	Jejudo drink smart you is under new fast or French fries

1. Annie is _____. (형용사)

2. I will buy a _____ skirt. (형용사)

3. My aunt lives in _____. (명사)

4. I _____ milk every day. (동사)

5. My brother _____ older than me. (동사)

6. Do you like GD _____ Taeyang? (접속사)

7. I put my ball _____ the bed. (전치사)

8. We all love _____. (대명사)

9. They run _____ and win the race. (부사)

10. I eat _____ at lunch. (명사)

Unit 04 셀 수 있는 명사

A 괄호 안에서 알맞은 말을 골라 ✓표 하세요.

1. (□ a / □ an) vase
2. (□ a / □ an) nurse
3. (□ a / □ an) orange
4. (□ a / □ an) house
5. (□ a / □ an) eagle
6. (□ a / □ an) ship
7. (□ a / □ an) oven
8. (□ a / □ an) artist
9. (□ a / □ an) river
10. (□ a / □ an) MP3 player

B 빈칸에 a나 an 중에서 알맞은 말을 쓰세요.

1. __________ table
2. __________ hour
3. __________ sofa
4. __________ taxi
5. __________ envelope
6. __________ doctor
7. __________ animal
8. __________ bowl
9. __________ castle
10. __________ towel

C 괄호 안에서 올바른 명사의 복수형을 고르세요.

❶ church (churchs / churches)

❷ knife (knifes / knives)

❸ ruler (rulers / ruleres)

❹ tomato (tomatos / tomatoes)

❺ toy (toies / toys)

❻ house (houses / housees)

❼ leaf (leafs / leaves)

❽ fly (flys / flies)

❾ monkey (monkeys / monkeies)

❿ witch (witchs / witches)

D 밑줄 친 명사의 복수형을 바르게 고쳐 쓰세요.

❶ man — mans ➡ _____

❷ foot — foots ➡ _____

❸ sheep — sheeps ➡ _____

❹ woman — womans ➡ _____

❺ fish — fishes ➡ _____

❻ child — childs ➡ _____

❼ potato — potatos ➡ _____

❽ tooth — tooths ➡ _____

❾ ox — oxes ➡ _____

❿ goose — gooses ➡ _____

A 셀 수 없는 명사에 모두 ✔표 하세요.

① ☐ gold   ② ☐ money

③ ☐ student   ④ ☐ baby

⑤ ☐ bus   ⑥ ☐ love

⑦ ☐ sugar   ⑧ ☐ honey

⑨ ☐ rice   ⑩ ☐ happiness

⑪ ☐ health   ⑫ ☐ juice

⑬ ☐ paper   ⑭ ☐ cola

⑮ ☐ meat   ⑯ ☐ banana

⑰ ☐ key   ⑱ ☐ Helen Keller

⑲ ☐ tea   ⑳ ☐ New York

B 우리말에 맞는 영어 카드와 연결하세요.

① 신문   •   • ⓐ   a paper

② 피자 한 판   •   • ⓑ   a cake

③ 케이크 한 조각   •   • ⓒ   a pizza

④ 종이 한 장   •   • ⓓ   a piece of cake

⑤ 피자 한 조각   •   • ⓔ   a slice of pizza

⑥ 케이크 한 판   •   • ⓕ   a sheet of paper

C 잘못 쓰인 단어가 하나씩 있습니다. 바르게 고쳐 다시 쓰세요.

❶ two cups of teas ➡ _____

❷ eight slices of breads ➡ _____

❸ three pieces of cakes ➡ _____

❹ four cans of corns ➡ _____

❺ two loaf of bread ➡ _____

❻ eight bottle of water ➡ _____

❼ two cans of colas ➡ _____

❽ six carton of apple juice ➡ _____

❾ seven slice of ham ➡ _____

❿ two bars of golds ➡ _____

D 〈보기〉에서 알맞은 말을 골라서 활용해 우리말과 일치하도록 문장을 완성하세요.

보기	oil milk paper sugar tuna butter salt coffee soap cheese

❶ 커피 세 잔을 주세요.   Give me _____, please.

❷ 팬에 기름 한 병을 넣어라.   Put _____ into the pan.

❸ 소금 1킬로그램이 있니?   Is there _____?

❹ 설탕 한 스푼을 추가해라.   Add _____.

❺ 나는 하루에 우유 세 잔을 마셔.   I drink _____ a day.

❻ 치즈 3장을 주세요.   Give me _____, please.

❼ 그는 종이 10장을 필요로 한다.   He needs _____.

❽ 버터 한 스푼을 넣어라.   Add _____.

❾ 상자에 비누 5장이 있다.   There are _____ in the box.

❿ 찬장에 참치 통조림 2캔이 있다.   There are _____ in the cupboard.

A 빈칸에 some이나 any 중에서 알맞은 말을 쓰세요.

① We don't have _____ money.

② He has _____ notebooks.

③ They drink _____ orange juice.

④ There aren't _____ birds in the forest.

⑤ She buys _____ eggs every Monday.

⑥ Are there _____ questions, class?

⑦ I want _____ water.

⑧ He doesn't step on _____ ants.

⑨ Does your father play _____ sports?

⑩ I read _____ comic books on the weekend.

B 빈칸에 is나 are 중에서 알맞은 말을 쓰세요.

① There _____ a cat.

② There _____ a kite.

③ There _____ two cats.

④ There _____ five pencils.

⑤ There _____ ten boys.

⑥ There _____ some birds.

⑦ There _____ seven days.

⑧ There _____ many people.

⑨ There _____ not much time.

⑩ There _____ some money.

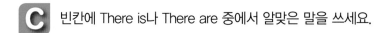

C 빈칸에 There is나 There are 중에서 알맞은 말을 쓰세요.

❶ _____ many boys and girls in my school.

❷ _____ many classrooms in my school.

❸ _____ desks and chairs in the classroom.

❹ _____ some fans, too.

❺ _____ a gym in my school.

❻ _____ many balls in the gym.

❼ _____ a swimming pool in my school.

❽ _____ not much water in the pool.

❾ _____ two music rooms in my school.

❿ _____ a piano in each music room.

D 괄호 안의 정보를 참고하여 There is나 There are로 시작하여 질문에 대한 답을 완성하세요.

❶ Q: How many days are there in a week? (일주일은 7일)
A: _____ in a week.

❷ Q: How many hours are there in a day? (하루는 24시간)
A: _____ in a day.

❸ Q: How many seconds are there in a minute? (1분은 60초)
A: _____ in a minute.

❹ Q: How many days are there in January? (1월에는 31일)
A: _____ in January.

❺ Q: How many oceans are there on earth? (지구의 대양은 5개)
A: _____ on earth.

❻ Q: How many hearts are there in our body? (우리 몸 안에는 한 개의 심장)
A: _____ in our body.

A 인칭대명사의 인칭에 ✓표 하세요.

❶	I	□1인칭	□2인칭	□3인칭
❷	her	□1인칭	□2인칭	□3인칭
❸	they	□1인칭	□2인칭	□3인칭
❹	your	□1인칭	□2인칭	□3인칭
❺	we	□1인칭	□2인칭	□3인칭
❻	he	□1인칭	□2인칭	□3인칭
❼	you	□1인칭	□2인칭	□3인칭
❽	it	□1인칭	□2인칭	□3인칭
❾	their	□1인칭	□2인칭	□3인칭
❿	me	□1인칭	□2인칭	□3인칭

B 우리말에 맞는 인칭대명사를 쓰세요.

❶ 나는 ➡ _____

❷ 너는 ➡ _____

❸ 그가 ➡ _____

❹ 그녀는 ➡ _____

❺ 너희들은 ➡ _____

❻ 나를 ➡ _____

❼ 너를 ➡ _____

❽ 우리들을 ➡ _____

❾ 당신들을 ➡ _____

❿ 그들을 ➡ _____

C 밑줄 친 부분을 인칭대명사의 주격, 목적격, 소유격으로 바꿔 문장을 다시 쓰세요.

1 Jihun is my friend.　　➡ _____

2 The school bus comes here.　　➡ _____

3 Don't take Tom's pen.　　➡ _____

4 Mrs. Smith has two sons.　　➡ _____

5 Seoul is a busy city.　　➡ _____

6 I have three books.　　➡ _____

7 Americans speak English.　　➡ _____

8 We know the girl's name.　　➡ _____

9 I like my teacher's stories.　　➡ _____

10 Andy and Josh are good friends.　　➡ _____

D 밑줄 친 부분을 mine, yours, ours, his, hers, theirs 중에서 알맞은 말로 바꿔 문장을 다시 쓰세요.

1 They are not your cookies.　　➡ _____

2 This is my room.　　➡ _____

3 It is our house.　　➡ _____

4 That is his garden.　　➡ _____

5 It is my sister's dress.　　➡ _____

6 I have my ticket.　　➡ _____

7 That is not my grandfather's pen.　　➡ _____

8 They are Mary's new hairpins.　　➡ _____

9 Where are your glasses?　　➡ _____

10 You can take my old backpack.　　➡ _____

Unit 07 인칭대명사 • **15**

A 우리말과 일치하도록 빈칸에 알맞은 말을 쓰세요.

❶ 이것은 학교이다.
➡ _____ _____ a school.

❷ 저것은 앵무새이다.
➡ _____ _____ a parrot.

❸ 이것들은 내 책들이다.
➡ _____ _____ my books.

❹ 저곳은 나의 할머니 댁이다.
➡ _____ _____ my grandmother's house.

❺ 저 사람들은 너의 새로운 반 친구들이다.
➡ _____ _____ your new classmates.

B 〈보기〉와 같이 복수형은 단수형으로, 단수형은 복수형으로 바꿔 쓰세요.

보기	**This is a cat. ➡ These are cats.**

❶ This is a sunflower. ➡ _____

❷ Those are albums. ➡ _____

❸ That is a baby tiger. ➡ _____

❹ These are pink balloons. ➡ _____

❺ This is a car. ➡ _____

❻ Those are hats. ➡ _____

❼ These are honey bees. ➡ _____

❽ This is a cello. ➡ _____

❾ Those are sweet potatoes. ➡ _____

❿ That is a notebook. ➡ _____

C 〈보기〉와 같이 밑줄 친 부분을 인칭대명사로 바꿔 문장을 다시 쓰세요.

> 보기 | <u>**That**</u> **is an airplane.** ➡ **It is an airplane.**

❶ <u>These</u> are sweet strawberries.
➡ _____

❷ <u>This</u> is a very big room.
➡ _____

❸ <u>That lady</u> is my new teacher.
➡ _____

❹ <u>Those</u> are zoo animals.
➡ _____

❺ <u>These computers</u> are nice.
➡ _____

D 우리말과 일치하도록 지시형용사를 사용하여 문장을 완성하세요.

❶ 이 토끼는 하얗다. ➡ _____ is white.

❷ 저 소녀는 가수이다. ➡ _____ is a singer.

❸ 이 사람들은 누구인가? ➡ Who are _____?

❹ 저 상자들은 무겁다. ➡ _____ are heavy.

❺ 이 꽃들은 당신을 위한 것입니다. ➡ _____ are for you.

❻ 이 가방은 당신의 것입니까? ➡ Is _____ yours?

❼ 그는 저 서점에서 일합니다. ➡ He works at _____.

❽ 나는 이 노래를 좋아합니다. ➡ I like _____.

❾ 이 코끼리는 그림을 그립니다. ➡ _____ draws pictures.

❿ 이 그림들은 유명합니다. ➡ _____ are famous.

A 괄호 안에서 알맞은 be동사를 고르세요.

❶ It (am / are / is) my cap.

❷ We (am / are / is) elementary school students.

❸ You (am / are / is) Pete's friend.

❹ They (am / are / is) my toys.

❺ This (am / are / is) an umbrella.

❻ He (am / are / is) at home.

❼ You (am / are / is) amazing players!

❽ She (am / are / is) brave.

❾ I (am / are / is) a little cold.

❿ Those (am / are / is) delicious cookies.

B 빈칸에 알맞은 be동사를 쓰세요.

❶ I _____ Cecil.

❷ Ships _____ in the sea.

❸ Those _____ my shoes.

❹ Milk _____ good for children.

❺ She and I _____ sisters.

❻ Gary _____ my name.

❼ This _____ my mother.

❽ You and Tim _____ interested in music.

❾ It _____ an amazing story!

❿ I _____ at school.

C 밑줄 친 부분을 대명사로 바꿔 문장을 완성하세요.

❶ <u>You and Mary</u> are in the gym.
➡ _____ _____ in the gym.

❷ <u>You and I</u> are excited now.
➡ _____ _____ excited now.

❸ <u>The cars</u> are green.
➡ _____ _____ green.

❹ <u>Water</u> is useful to people.
➡ _____ _____ useful to people.

❺ <u>Samuel and Ann</u> are nice.
➡ _____ _____ nice.

❻ <u>He and she</u> are from Ulsan.
➡ _____ _____ from Ulsan.

❼ <u>Trees and flowers</u> are in the garden.
➡ _____ _____ in the garden.

❽ <u>Philip</u> is my best friend.
➡ _____ _____ my best friend.

D 다음을 복수형으로 만들 때, 빈칸에 알맞은 주어와 동사를 쓰세요. 주어와 동사가 줄임말인 경우, 복수형도 줄임말로 쓰세요.

❶ That's my umbrella. ➡ _____ my umbrellas.

❷ This is an interesting movie. ➡ _____ interesting movies.

❸ The tree is very tall. ➡ _____ very tall.

❹ The student is in the cafeteria. ➡ _____ in the cafeteria.

❺ You're hungry. ➡ _____ hungry.

❻ I am worried about you. ➡ _____ worried about you.

❼ She's a great teacher. ➡ _____ great teachers.

❽ I'm in the kitchen. ➡ _____ in the kitchen.

A 괄호 안에서 알맞은 말을 고르세요.

❶ She is tall. (She not / She's not) short.

❷ The rock is heavy. (It isn't / He's not) light.

❸ The ducks are cute. (They aren't / They arenot) ugly.

❹ I'm full with the food. (I'm not / I amn't) hungry.

❺ The babies are little. (She isn't / They aren't) big.

❻ The clothes are new. (It isn't / They aren't) old.

❼ You're excited. (You not / You aren't) bored.

❽ It is on the table. (It's not / It not) under the table.

❾ Flowers are on the table. (It isn't / They aren't) in the vase.

❿ The tea is hot. (It isn't / They're not) cold.

B 빈칸에 알맞은 말을 〈보기〉에서 골라 쓰세요.

보기	is are isn't aren't

❶ Bill is a banker. He _____ an actor.

❷ Ellie and Chris _____ my cousins. They aren't my classmates.

❸ The animal _____ a tiger. It is a lion.

❹ Tim and I _____ strong. We aren't weak.

❺ She and I _____ sisters. We are friends.

❻ My name isn't Monica. It _____ Molly!

❼ You are a little kid. You _____ a grown-up.

❽ Cups and glasses _____ on the table. They are in the sink.

❾ It is an awesome story. It _____ boring.

❿ Lynn and her sister are with me. They _____ lonely.

C 밑줄 친 부분을 바르게 고쳐 다시 쓰세요.

❶ It's isn't a banana. ➡ _____

❷ I amn't a teacher. ➡ _____

❸ She aren't in her room. ➡ _____

❹ They arenot friendly to people. ➡ _____

❺ They isn't my school bags. ➡ _____

❻ We're not in the theater. ➡ _____

❼ Many trees isn't green in winter. ➡ _____

❽ You isn't a little baby any more. ➡ _____

❾ This's not my favorite fruit. ➡ _____

D 〈보기〉와 같이 밑줄 친 부분을 부정 줄임형으로 쓰세요.

보기	**She is Melinda. → She isn't Carrie.**

❶ I am good at drawing cartoons.
➡ _____ poor at drawing cartoons.

❷ Max and I are happy about that.
➡ _____ sad about that.

❸ The flowers are big.
➡ _____ small.

❹ The water is cold.
➡ _____ warm.

❺ Today's a weekday.
➡ _____ Saturday.

❻ Students are excited.
➡ _____ bored.

❼ Mr. Song's in the bus.
➡ _____ in a car.

A 괄호 안에서 알맞은 말을 고르세요.

❶ (Is / Are) Oliver and Miguel brothers?

❷ (Is / Are) this bike yours?

❸ (Am / Is) I too shy?

❹ (Is / Are) Jessica in her room?

❺ (Is / Are) you thirteen years old?

❻ (Is / Are) the flowers lovely in spring?

❼ (Is / Are) Emma and you in the drama club?

❽ (Is / Are) those your socks?

❾ (Is / Are) our plan good for everyone?

❿ (Am / Is) I the leader of our group?

B 주어진 단어를 바르게 배열하여 의문문을 완성하세요.

❶ (you, are, hot) ➡ _____?

❷ (they, cars, are, their) ➡ _____?

❸ (John, in the garden, is) ➡ _____?

❹ (these, are, France, from) ➡ _____?

❺ (on the bus, she, is) ➡ _____?

❻ (I, am, on, time) ➡ _____?

❼ (wrong, I, am) ➡ _____?

❽ (is, married, your brother) ➡ _____?

❾ (from, the United States, Mr. Peters, is) ➡ _____?

❿ (your, is, name, sister's, Monica) ➡ _____?

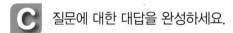

C 질문에 대한 대답을 완성하세요.

❶ Is your hobby drawing?   – No, _____ _____.

❷ Are the students in the gym?   – Yes, _____ _____.

❸ Am I late for class?   – No, _____ _____.

❹ Is it Sunday today?   – Yes, _____ _____.

❺ Are these your favorite colors?   – Yes, _____ _____.

❻ Is this song popular in Korea?   – Yes, _____ _____.

❼ Are you tired and sleepy?   – No, _____ _____.

❽ Is everything okay?   – Yes, _____ _____.

D 대화에서 틀린 부분을 찾아 바르게 고쳐 쓰세요. (단, Yes / No는 고정)

❶ A: Is Sophia nice to her neighbors?
    B: Yes, he is.
    _____ ➡ _____

❷ A: Is Max and I one team?
    B: Yes, you are.
    _____ ➡ _____

❸ A: Is the musical famous here?
    B: No, it is.
    _____ ➡ _____

❹ A: Is this your smart phone?
    B: No, this is.
    _____ ➡ _____

❺ A: Are you happy now?
    B: Yes, you are.
    _____ ➡ _____

❻ A: Am I too slow?
    B: No, I'm not.
    _____ ➡ _____

A 각각의 일반동사를 자연스럽게 뜻이 통하는 말과 연결하세요.

❶ drink ·	· ⓐ TV
❷ open ·	· ⓑ a bike
❸ play ·	· ⓒ basketball
❹ ride ·	· ⓓ a window
❺ watch ·	· ⓔ some juice

❻ read ·	· ⓕ food
❼ help ·	· ⓖ a little kid
❽ pour ·	· ⓗ comics
❾ cook ·	· ⓘ the water
❿ drive ·	· ⓙ a car

B 괄호 안의 동사를 알맞은 형태로 고쳐 빈칸에 쓰세요.

❶ She _____ to hiphop music. (listen)

❷ My cat _____ after a butterfly. (run)

❸ The babies _____ a nap every afternoon. (take)

❹ Sera's brother _____ dinner very late. (have)

❺ We _____ on a camping trip every summer. (go)

❻ My mother _____ me every day. (call)

❼ This shirt _____ good on you! (look)

❽ You and I _____ in a big city. (live)

❾ You _____ new movies all the time. (download)

❿ My parents _____ two newspapers every morning. (read)

C 바뀐 주어에 맞도록 문장을 완성하세요.

① I drink a lot of water every day.
➡ He ＿＿＿＿＿＿＿＿＿＿＿＿＿＿ every day.

② You give cookies to children.
➡ Matt ＿＿＿＿＿＿＿＿＿＿＿＿ to children.

③ They sell used cars to people.
➡ The shop ＿＿＿＿＿＿＿＿＿＿＿ to people.

④ We drive the big truck.
➡ The police officer ＿＿＿＿＿＿＿＿＿＿＿.

⑤ They eat fruit and vegetables for their health.
➡ Sam ＿＿＿＿＿＿＿＿＿＿＿＿ for his health.

⑥ The students build a sand castle.
➡ The artist ＿＿＿＿＿＿＿＿＿＿＿.

⑦ The birds fly high in the sky.
➡ My kite ＿＿＿＿＿＿＿＿＿＿＿ in the sky.

⑧ The ladies give snacks to me and my friends.
➡ Ms. Helen ＿＿＿＿＿＿＿＿＿＿ to me and my friends.

D 밑줄 친 부분을 바르게 고쳐 쓰세요.

① That sound good! ➡ ＿＿＿＿＿

② The farmers picks apples. ➡ ＿＿＿＿＿

③ The tree haves red leaves. ➡ ＿＿＿＿＿

④ She saies nice things about him. ➡ ＿＿＿＿＿

⑤ We practices for the festival. ➡ ＿＿＿＿＿

⑥ He crys all day long. ➡ ＿＿＿＿＿

⑦ Vivian drink too much coffee. ➡ ＿＿＿＿＿

⑧ Jack fly paper airplanes. ➡ ＿＿＿＿＿

⑨ The team introduce a new play. ➡ ＿＿＿＿＿

A 밑줄 친 부분을 줄여 쓰세요.

① My car does not run fast. ➡ _____

② He does not listen to K-pop. ➡ _____

③ They do not take a nap after lunch. ➡ _____

④ The kitten does not go outside. ➡ _____

⑤ The peach does not smell sweet. ➡ _____

⑥ We do not take this any more. ➡ _____

⑦ Bella and Joshua do not miss him. ➡ _____

⑧ I do not like snakes. ➡ _____

⑨ You do not have lunch at school. ➡ _____

⑩ She does not speak English. ➡ _____

B 밑줄 친 동사를 부정형으로 고쳐 쓰세요.

① He helps his mother at home. ➡ _____

② I like carrots and broccoli. ➡ _____

③ They do their homework after dinner. ➡ _____

④ She collects dried flowers. ➡ _____

⑤ The lesson starts at eight. ➡ _____

⑥ Gary goes to bed very early. ➡ _____

⑦ The students carry the giant roll cake. ➡ _____

⑧ My brother has good eye-sight. ➡ _____

⑨ We order fast food at this restaurant. ➡ _____

⑩ Sandra wears a skirt every Monday. ➡ _____

C 우리말과 일치하도록 빈칸에 알맞은 말을 쓰세요.

❶ 나는 바나나를 먹지 않는다.
I _____ _____ bananas.

❷ 우리는 나쁜 친구가 없다.
We _____ _____ bad friends.

❸ 너는 신문을 읽지 않는다.
You _____ _____ newspapers.

❹ 우리 아빠는 택시를 타지 않는다.
My father _____ _____ a taxi.

❺ Bob은 사무실에서 일하지 않는다.
Bob _____ _____ in the office.

❻ 그 학생들은 컴퓨터 게임을 하지 않는다.
The students _____ _____ computer games.

❼ 그 화가는 파란색을 사용하지 않는다.
The painter _____ _____ blue.

D 다음 문장에서 <u>틀린</u> 부분을 찾아 바르게 고쳐 쓰세요.

❶ The river doesn't flows south.
_____ ➡ _____

❷ Chris and Roxy doesn't go fishing this weekend.
_____ ➡ _____

❸ The class don't start until 9 o'clock.
_____ ➡ _____

❹ He don't cares about the news.
_____ ➡ _____

❺ I brush not my teeth after lunch.
_____ ➡ _____

❻ Morris draws not many paintings.
_____ ➡ _____

A 빈칸에 Do나 Does 중에서 알맞은 말을 쓰세요.

❶ _____ you and your brother get up early?

❷ _____ she like school?

❸ _____ the children walk to school?

❹ _____ they go to bed at 10?

❺ _____ your cat eat fish?

❻ _____ he read comics?

❼ _____ Emma and Mary's mother live in the country?

❽ _____ we have sunglasses?

❾ _____ you keep a pet?

❿ _____ Amy do her homework after school?

B 괄호 안의 단어와 do나 does를 이용하여 의문문을 만드세요.

❶ (she, magazines, read)
➡ _____

❷ (drive, their mother, a car)
➡ _____

❸ (a shower, take, you)
➡ _____

❹ (work, we, indoors)
➡ _____

❺ (the clerk, the new smart phone, show)
➡ _____

❻ (I, good, in this dress, look)
➡ _____

❼ (Sam, go, and his friends, on a bus trip)
➡ _____

C 질문에 대한 대답을 완성하세요.

① Do you collect anything? – No, _____ _____.

② Do they play the drums? – Yes, _____ _____.

③ Does Larry take the lesson? – No, _____ _____.

④ Do your brothers go to school? – Yes, _____ _____.

⑤ Does she buy bubble gum? – Yes, _____ _____.

⑥ Does he speak Korean? – Yes, _____ _____.

⑦ Do we arrive on time? – No, _____ _____.

⑧ Do dogs take a nap? – Yes, _____ _____.

D 대화에서 <u>틀린</u> 부분을 찾아 바르게 고쳐 쓰세요.

① A: Does she drink some juice?
B: Yes, she is.
_____ ➡ _____

② A: Do Meg cook spaghetti?
B: Yes, she does.
_____ ➡ _____

③ A: Does your mother teach English?
B: No, she don't.
_____ ➡ _____

④ A: Do you take your phone with you?
B: No, you don't.
_____ ➡ _____

⑤ A: Does this car leave on time?
B: Yes, this does.
_____ ➡ _____

⑥ A: Does Kyle and Judy work together?
B: No, they don't.
_____ ➡ _____

Unit 14 일반동사 의문문 • **29**

A 괄호 안에서 알맞은 말을 고르세요.

1. My sister and I (eat / eats) breakfast at 7:30 every day.

2. Korea (have / has) four seasons.

3. My class always (begin / begins) at 9:05.

4. Our teacher (drink / drinks) tea in the classroom.

5. We (go / goes) shopping every weekend.

6. She (live / lives) in an apartment.

7. He (pushs / pushes) the first door.

8. My sister (have / has) a smart phone.

9. Mr. Kim (like / likes) chocolate.

10. He (plaies / plays) tennis.

B 〈보기〉에서 알맞은 동사를 골라 현재시제나 현재진행시제로 고쳐 쓰세요. (단, 동사는 한 번씩만 사용할 것)

보기	take be rain drink buy go ask look tie wait

1. I _____ an apple pie at the supermarket.

2. He _____ to school on weekdays.

3. Jim _____ a shower every morning.

4. We _____ coffee.

5. It _____ heavily.

6. They _____ hungry.

7. Lisa _____ her shoes at the door.

8. Jane _____ questions in class.

9. Do you _____ for a bus?

10. The students _____ for the key.

C 괄호 안의 동사를 알맞은 형태의 한 단어로 고쳐 빈칸에 쓰세요.

➊ The baby _____ loudly every day. (cry)

➋ He is _____ next to me. (sit)

➌ Vegetables _____ good for your health. (be)

➍ He is _____ the dishes now. (wash)

➎ They always _____ many plans for me. (have)

➏ Minsu _____ English well. (speak)

➐ My father _____ the car on weekends. (wash)

➑ She is _____ in London now. (stay)

➒ Tom _____ the newspaper every day. (read)

➓ Jane _____ Mike now. (love)

D 괄호 안의 지시대로 문장을 바꿔 쓰세요.

➊ He is dancing at the hall.
➡ (의문문) _____

➋ They are taking a walk.
➡ (부정문) _____

➌ You are looking for your children.
➡ (의문문) _____

➍ She is lying on the floor.
➡ (부정문) _____

➎ Jane is reading a book.
➡ (의문문) _____

A 괄호 안에서 알맞은 말을 고르세요.

① He (played / plaied) soccer well.

② She (is / was) a teacher in 2000.

③ He (catched / caught) a cold yesterday.

④ Bill (asked / ask) many questions.

⑤ I (geted / got) his text message.

⑥ She (was / were) hungry 10 minutes ago.

⑦ Willy (liked / like) the music.

⑧ They (goed / went) to church.

⑨ You (go / went) to the supermarket yesterday.

⑩ My friend (was / were) upset.

B 괄호 안의 동사를 알맞은 형태의 한 단어로 고쳐 빈칸에 쓰세요.

① She _____ the laundry on Saturdays. (do)

② She _____ back to Korea last week. (come)

③ Anne Frank _____ a diary in the 1940s. (keep)

④ They are _____ to the concert now. (go)

⑤ I _____ "Little Prince" last month. (read)

⑥ You _____ shy last year. (be)

⑦ She _____ my bag on the bench a few minutes ago. (put)

⑧ We _____ Jane a pretty doll yesterday. (give)

⑨ The train is _____ slowly now. (stop)

⑩ Suji _____ pictures every Saturday. (draw)

C 밑줄 친 부분을 바르게 고쳐 쓰세요.

❶ Jay and I <u>was not</u> busy. ➡ _____

❷ Mary <u>isn't</u> free yesterday. ➡ _____

❸ You <u>not are</u> in class last Friday. ➡ _____

❹ <u>Were</u> Minju at the museum two days ago? ➡ _____

❺ <u>Are</u> they here one hour ago? ➡ _____

❻ I didn't <u>knew</u> her email address. ➡ _____

❼ They <u>don't</u> play soccer yesterday. ➡ _____

❽ Did she go to Japan? − No, she <u>doesn't</u>. ➡ _____

❾ Did they pass the exam? − Yes, they <u>are</u>. ➡ _____

❿ <u>Do your parents had</u> the same car last year? ➡ _____

D 괄호 안의 지시대로 문장을 바꿔 쓰세요.

❶ The boy falls off the horse. (과거시제로)
➡ _____

❷ The telephone rings loudly. (과거시제 부정문으로)
➡ _____

❸ He doesn't tell me the truth. (과거시제로)
➡ _____

❹ She keeps the secret. (과거시제로)
➡ _____

❺ My friend sent me a letter. (현재시제로)
➡ _____

❻ The team wins the race. (과거시제 의문문으로)
➡ _____

❼ He came home late yesterday. (의문문으로)
➡ _____

❽ His joke is funny. (과거시제 부정문으로)
➡ _____

A 괄호 안에서 알맞은 말을 고르세요.

① He is going to (leave / leaves) soon.

② They (be / are) going to borrow my phone.

③ She will (be / is) 14 years old this year.

④ I am (going not / not going) to keep a diary.

⑤ Linda will (invite / invites) us.

⑥ Tony (won't give / not give) it to me.

⑦ They will (ask not / not ask) me that question.

⑧ Are you going (clean / to clean) your room?

B 괄호 안의 단어를 이용하여 문장을 완성하세요.

① Lucy는 오늘 밤 노래를 부르지 않을 것이다.

➡ Lucy _____ _____ a song tonight. (sing)

② 내가 설거지를 할 것이다.

➡ I _____ _____ _____ _____ the dishes. (wash)

③ 너는 저녁을 집에서 먹을 거니?

➡ _____ _____ _____ _____ _____ dinner at home?
(eat)

④ 나는 부산에 있을 것이다.

➡ I _____ _____ in Busan. (be)

⑤ 그는 서점에 갈 것이다.

➡ He _____ _____ to the bookstore. (go)

⑥ 오늘 오후에는 날씨가 좋을까?

➡ _____ the weather _____ _____ _____ _____ this
afternoon? (nice)

⑦ 그들은 행복하지 않을 것이다.

➡ They _____ _____ _____ _____. (happy)

⑧ 케이크를 조금 더 먹을래?

➡ _____ you _____ some more cake? (have)

C 두 문장이 같은 뜻이 되도록 문장을 완성하세요.

❶ We will go to the bakery.

= We _____ go to the bakery.

❷ She is not going to go shopping.

= She _____ go shopping.

❸ They are going to play basketball after school.

= They _____ play basketball after school.

❹ Matt will not study math.

= Matt _____ study math.

❺ It will snow this afternoon.

= It _____ this afternoon.

D 괄호 안의 지시대로 문장을 바꿔 쓰세요.

❶ I'll call him. (부정문으로)

➡ _____

❷ They will join our club. (의문문으로)

➡ _____

❸ He is there on time. (미래시제로)

➡ _____

❹ She invites a lot of people. (미래시제로)

➡ _____

❺ Dad makes lunch for us. (be going to를 이용하여)

➡ _____

❻ He goes to the airport. (be going to를 이용하여)

➡ _____

❼ I wear a seat belt. (will을 이용하여)

➡ _____

❽ I wrote a letter to her yesterday. (yesterday → tomorrow)

➡ _____

❾ Tony came to my birthday party last Sunday. (last → this)

➡ _____

W O R K B O O K

A 괄호 안에서 알맞은 말을 고르세요.

❶ Beethoven (dies / died) in 1827.

❷ No news (is / was) good news.

❸ The capital of Australia (is / was) Canberra.

❹ The earth (is / was) round.

❺ Koreans know Dokdo (belongs / belonged) to Korea.

❻ Water (freezes / froze) at 0℃.

❼ Gyeongju (is / was) the capital of Silla Dynasty.

❽ The plane (is arriving / arrived) at the airport in 10 minutes.

❾ Paul (will / is going to be) go shopping with Jane on Tuesday.

❿ Jake is about (to go / went) to Deoksugung.

B 다음 문장이 바르게 쓰였으면 ○표를, 틀렸으면 ×표를 하세요.

❶ He is busy now. _____

❷ Every dog has his days. _____

❸ The Second World War breaks out in 1939. _____

❹ King Sejong invents *Hangeul*. _____

❺ 20 and 10 made 30. _____

❻ The Sun is larger than the Moon. _____

❼ Rosa is about to visit her uncle's house soon. _____

❽ He is leaving for Europe tomorrow afternoon. _____

❾ It was raining now. _____

❿ She will do her homework yesterday. _____

C 〈보기〉에서 알맞은 동사를 골라 알맞은 형태로 고쳐 빈칸에 쓰세요. (단, 동사는 한 번씩만 사용할 것)

| 보기 | take spend buy rise swim break go make invent be |

❶ My sister learned that the Sun _____ in the east.

❷ I didn't know that Bell _____ the telephone.

❸ He said he _____ a bus to school every day.

❹ My grandfather always said life _____ short.

❺ I found the Gulf War _____ out in 1991.

❻ She told me that two and two _____ four.

❼ I _____ a nice car in three years.

❽ He _____ in the pool four hours ago.

❾ She _____ all her money last Sunday.

❿ Tom _____ to London this time next week.

D 문장의 시제를 바르게 고쳐 다시 쓰세요.

❶ I have a fever yesterday.

➡ _____

❷ She paints my room tomorrow.

➡ _____

❸ Shakespeare writes many plays.

➡ _____

❹ I see Henry two weeks later.

➡ _____

❺ We started at 9 tomorrow morning.

➡ _____

❻ Apples were good for our health.

➡ _____

❼ She read a book now.

➡ _____

❽ John Lennon dies in 1980.

➡ _____

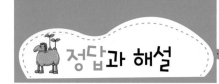
Unit 01 문장

WORKBOOK 2~3쪽

A ❸ S ❺ S ❾ S
B ❶ I / can play the piano. ❷ Tommy and Joanne / live in Seoul. ❸ My dad / is a teacher. ❹ My teacher / loves coffee. ❺ My family / is tall. ❻ My dog, Toby, / is so cute. ❼ Ten little bears / are singing. ❽ Sarah and Jessy / are good friends. ❾ It / is sunny today. ❿ A book, a pencil and an eraser / are on the desk.
C ❶ S ❷ C ❸ O ❹ V ❺ C ❻ O ❼ O ❽ V ❾ V ❿ C
D ❶ T-shirt ❷ speak ❸ man ❹ study ❺ day ❻ runs ❼ country ❽ rabbit ❾ cooks ❿ beautiful

A

해석
❶ 케이크
❷ 우리
❸ 나는 소년이다.
❹ 화창한 날들
❺ 너는 음악을 좋아하니?
❻ 아파트 안에서
❼ 극장
❽ 나의 누이와 나
❾ 나의 누이는 초콜릿을 좋아한다.
❿ 테니스

해설
❶, ❷, ❹, ❻~❽, ❿은 주(어)부와 술(어)부를 갖춘 문장이 아닌 단어 또는 단어들의 나열이다.

B

해석
❶ 나는 피아노를 칠 수 있다.
❷ Tommy와 Joanne은 서울에 산다.
❸ 나의 아빠는 선생님이시다.
❹ 나의 선생님은 커피를 좋아하신다.
❺ 나의 가족은 키가 크다.
❻ 나의 개, Toby는 매우 귀엽다.
❼ 열 명의 작은 곰들이 노래를 하고 있다.
❽ Sarah와 Jessy는 좋은 친구이다.
❾ 오늘은 날씨가 화창하다.
❿ 책과 연필과 지우개가 책상 위에 있다.

해설
단어들이 모여 만들어진 문장에서 '누가' 또는 '무엇이'라고 해석되는 부분이 주어(부)이다.

C

해설
주어(subject)는 문장의 주인이 되고, 동사(verb)는 주어의 행동이나 상태를 나타내며, 목적어(object)는 동사의 목적이나 대상이 되고, 보어(complement)는 주어나 목적어의 상태를 설명해 준다.

D

해석
❶ 나는 파란 티셔츠 하나를 가지고 있다.
❷ 나는 크게 말할 수 있다.
❸ 아이언맨은 강한 남자이다.
❹ 나는 열심히 공부할 것이다.
❺ 좋은 하루 되세요.
❻ 그는 빨리 달린다.
❼ 중국은 큰 나라이다.
❽ 나는 귀여운 토끼를 가지고 있다.
❾ 나의 아빠는 요리를 잘하신다.
❿ 너는 매우 아름다워 보인다.

Unit 02 품사 1

WORKBOOK 4~5쪽

A ❶ milk ❷ Victoria ❸ school ❹ egg ❺ hand ❻ artist ❼ family ❽ Korea ❾ river ❿ pen
B ❶ I (go) to school by bus. / 가다 ❷ They (are) my parents. / ~이다 ❸ We (eat) sandwiches in the morning. / 먹다 ❹ I (play) the piano. / ~을 연주하다 ❺ My uncle (runs) fast. / 달리다 ❻ I (see) a rainbow in the sky. / ~을 보다 ❼ I (brush) my teeth. / ~을 닦다 ❽ We (sing) a song together. / 노래 부르다 ❾ My friends (smile) at me. / 미소 짓다 ❿ I (have) some money. / ~을 가지고 있다

C ① We ② She ③ I, him ④ × ⑤ They
⑥ This ⑦ × ⑧ ×
D ① 대, 동, 명 ② 명, 동, 명 ③ 대, 동, 명 ④ 명, 동, 명
⑤ 명, 동, 명 ⑥ 명, 동, 명 ⑦ 명, 동, 명 ⑧ 대, 동, 명

A

해석

① 가다 / 우유
② 나 / 빅토리아
③ 학교 / 그것
④ 계란 / 먹다
⑤ 주다 / 손
⑥ 예술가 / 그리다
⑦ 가족 / 그녀
⑧ 이것 / 한국
⑨ 강 / 흐르다
⑩ 쓰다 / 펜

해설

명사란 세상에 존재하는 모든 것들에 사람들이 붙인 이름이다. 주어진 단어들 중 이름에 해당하는 것을 고른다.

B

해석

① 나는 버스를 타고 학교에 간다.
② 그들은 나의 부모님들이시다.
③ 우리는 아침에 샌드위치를 먹는다.
④ 나는 피아노를 친다.
⑤ 나의 삼촌은 빨리 달린다.
⑥ 나는 하늘의 무지개를 본다.
⑦ 나는 이를 닦는다.
⑧ 우리는 함께 노래를 부른다.
⑨ 나의 친구들이 나에게 미소 짓는다.
⑩ 나는 약간의 돈을 가지고 있다.

해설

동사는 문장의 주체인 주어의 동작 또는 상태를 나타내는 말이다. 일반적으로 행동을 나타내는 동사도 있으나 주어의 상태를 나타내는 말과 주어를 이어 주는 am, are, is 같은 단어들도 동사에 해당한다.

C

해설

대명사란 명사를 대신하여 쓰는 말이다. 대명사로는 I(나), you(너), we(우리), she(그녀), he(그), it(그것), this(이것), that(저것) 등이 있다.

D

해설

사람들이 부르기로 약속한 이름은 명사, 명사를 대신 받는 말들은 대명사인데, 주어 자리와 목적어 자리에 온다. 움직임이나 동작 또는 상태를 나타내는 말들이 동사이다.

Unit 03 품사 2

WORKBOOK 6~7쪽

A ① 형 ② 형 ③ 부 ④ 형 ⑤ 부 ⑥ 부 ⑦ 형 ⑧ 형
⑨ 형 ⑩ 부
B ① Geppeto was an old carpenter. ② The town is small and beautiful. ③ They lived happily ever after. ④ She played music softly. ⑤ I get up early in the morning. ⑥ I go to bed late. ⑦ We danced poorly. ⑧ My mom speaks quietly. ⑨ I do my homework quickly. ⑩ We make fresh cheese every morning.
C ① ◇ ② ◇ ③ ☆ ④ ◇ ⑤ ☆ ⑥ ☆ ⑦ ◇ ⑧ ◇ ⑨ ☆
⑩ ☆
D ① smart ② new ③ Jejudo ④ drink ⑤ is ⑥ or
⑦ under ⑧ you ⑨ fast ⑩ French fries

A

해석

① 아름다운 공주
② 새 학교
③ 크게 노래하다
④ 현명한 여자
⑤ 말을 잘 하다
⑥ 즐겁게 춤추다
⑦ 정직한 소년
⑧ 빨간 셔츠
⑨ 친절한 요정
⑩ 조심스럽게 걷다

해설

형용사는 보통 명사 앞에서 명사를 꾸며 주거나 명사의 뜻을 자세하게 해 주고, 부사는 보통 동사의 뒤에 쓰여 동사에 어떤 의미를 더해 준다. 그러나 일부 형용사나 부사는 위치가 좀 더 자유로울 수 있다.

B

해석

① Geppeto는 나이든 목수였다.

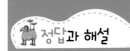
❷ 그 마을은 작고 아름답다.

❸ 그들은 그 이후 쭉 행복하게 살았다.

❹ 그녀는 음악을 부드럽게 연주했다.

❺ 나는 아침에 일찍 일어난다.

❻ 나는 늦게 잠자리에 든다.

❼ 우리는 춤을 형편없이 춘다.

❽ 나의 엄마는 조용하게 말하신다.

❾ 나는 숙제를 빨리 한다.

❿ 우리는 매일 아침 신선한 치즈를 만든다.

해설

형용사는 보통 명사 앞에 쓰이거나 보어로 쓰이고, 부사는 보통 동사 뒤에 쓰인다.

C

해석

❶ 나는 개가 한 마리 있는데, 그의 이름은 Toby이다.

❷ 너는 버스나 기차를 타고 학교에 갈 수 있다.

❸ 나는 서울에 산다.

❹ 나는 아이스크림과 피자를 좋아한다.

❺ 우리는 공항에서 비행기를 탄다.

❻ 나는 쿠키와 과일을 먹는다.

❼ 나의 아빠는 면을 좋아하시지만, 나의 엄마는 그렇지 않다.

❽ 고양이가 나무 위에[아래에] 있다.

❾ 나는 내 주머니 안에 약간의 사탕들을 가지고 있다.

❿ 운동장에서 놀자.

해설

단어와 단어, 어구와 어구 또는 문장과 문장을 이어 주는 역할을 하는 것은 접속사, 명사 앞에서 문장의 의미를 명확하게 하거나 위치를 나타내는 역할을 하는 것은 전치사이다.

D

해석

❶ Annie는 똑똑하다.

❷ 나는 새 치마를 살 것이다.

❸ 나의 이모는 제주도에 사신다.

❹ 나는 매일 우유를 마신다.

❺ 나의 오빠는 나보다 나이가 많다.

❻ 너는 지디를 좋아하니, 아니면 태양을 좋아하니?

❼ 나는 나의 공을 침대 아래에 놓는다.

❽ 우리는 모두 너를 사랑한다.

❾ 그들은 빨리 뛰어서 경주에서 이긴다.

❿ 나는 점심에 감자튀김을 먹는다.

해설

보기의 단어 중 Jejudo, French fries는 명사, drink, is는 동사, smart, new는 형용사, you는 대명사, under는 전치사, fast는 부사, or는 접속사이다. 이렇게 각 단어의 품사를 알면 문장의 문맥에 맞는 단어를 쉽게 넣을 수 있다.

Unit 04 셀 수 있는 명사

WORKBOOK 8~9쪽

A ❶ a ❷ a ❸ an ❹ a ❺ an ❻ a ❼ an ❽ an ❾ a
❿ an

B ❶ a ❷ an ❸ a ❹ a ❺ an ❻ a ❼ an ❽ a ❾ a ❿ a

C ❶ churches ❷ knives ❸ rulers ❹ tomatoes
❺ toys ❻ houses ❼ leaves ❽ flies ❾ monkeys
❿ witches

D ❶ men ❷ feet ❸ sheep ❹ women ❺ fish
❻ children ❼ potatoes ❽ teeth ❾ oxen ❿ geese

A

해석

❶ 꽃병 한 개

❷ 간호사 한 명

❸ 오렌지 한 개

❹ 집 한 채

❺ 독수리 한 마리

❻ 배 한 척

❼ 오븐 한 개

❽ 예술가 한 명

❾ 강 하나

❿ MP3 플레이어 한 대

해설

첫 소리가 자음으로 시작하는 명사는 a를 쓰고, 모음으로 시작하는 명사는 an을 쓴다.

B

해석

❶ 탁자 하나

❷ 한 시간

❸ 소파 한 개

❹ 택시 한 대

❺ 봉투 한 개

❻ 의사 한 명

❼ 동물 한 마리

❽ 그릇 한 개

❾ 성 하나

❿ 수건 한 장

해설

첫 소리가 자음으로 시작하는 명사는 a와 함께 쓰고, 모음으로 시작하는 명사는 an과 함께 쓴다. hour는 h가 있어 자음으로 시작하는 명사로 착각하기 쉬우나 실제로는 h가 소리 나지 않으므로 모음으로 시작하는 명사임에 유의한다.

C

해석
① 교회 – 교회들
② 칼 – 칼들
③ 자 – 자들
④ 토마토 – 토마토들
⑤ 장난감 – 장난감들
⑥ 집 – 집들
⑦ 나뭇잎 – 나뭇잎들
⑧ 파리 – 파리들
⑨ 원숭이 – 원숭이들
⑩ 마녀 – 마녀들

해설
대부분의 명사는 명사에 -(e)s를 붙이지만, 〈자음+y〉로 끝나는 명사는 y를 i로 고치고 -es를 붙이고, -f(e)로 끝나는 명사는 f를 v로 고치고 -es를 붙인다. -o, -x, -s, -sh, -ch로 끝나는 명사는 -es를 붙인다.

D

해석
① 남자 – 남자들
② 발 – 발들
③ 양 – 양들
④ 여자 – 여자들
⑤ 물고기 – 물고기들
⑥ 어린이 – 어린이들
⑦ 감자 – 감자들
⑧ 이 – 이들
⑨ 황소 – 황소들
⑩ 거위 – 거위들

해설
주어진 모든 명사는 복수형이 불규칙하므로 꼭 암기해 둔다. foot, goose, tooth와 같이 가운데 모음 -oo가 -ee로 형태가 바뀌는 경우도 있다.

Unit 05 셀 수 없는 명사

WORKBOOK 10~11쪽

A ① ✓ ② ✓ ③ □ ④ □ ⑤ □ ⑥ ✓ ⑦ ✓ ⑧ ✓ ⑨ ✓
⑩ ✓ ⑪ ✓ ⑫ ✓ ⑬ ✓ ⑭ ✓ ⑮ ✓ ⑯ □ ⑰ □ ⑱ ✓
⑲ ✓ ⑳ ✓

B ① ⓐ ② ⓒ ③ ⓓ ④ ⓕ ⑤ ⓔ ⑥ ⓑ

C ① two cups of tea ② eight slices of bread
③ three pieces of cake ④ four cans of corn
⑤ two loaves of bread ⑥ eight bottles of water
⑦ two cans of cola ⑧ six cartons of apple juice ⑨ seven slices of ham ⑩ two bars of gold

D ① three cups of coffee ② a bottle of oil
③ a[one] kilo of salt ④ a spoon of sugar ⑤ three glasses of milk ⑥ three slices of cheese ⑦ ten

sheets[pieces] of paper ⑧ a spoon of butter
⑨ five bars of soap ⑩ two cans of tuna

A

해석
① 금
② 돈
③ 학생
④ 아기
⑤ 버스
⑥ 사랑
⑦ 설탕
⑧ 꿀
⑨ 쌀
⑩ 행복
⑪ 건강
⑫ 주스
⑬ 종이
⑭ 콜라
⑮ 고기
⑯ 바나나
⑰ 열쇠
⑱ 헬렌 켈러
⑲ 차
⑳ 뉴욕

해설
물질명사, 추상명사, 고유명사는 셀 수 없는 명사이다.

B

해설
paper, cake, pizza는 일반적으로 '종이', '케이크', '피자'의 뜻이지만, a와 함께 쓰면, '신문 한 부', '케이크 한 판', '피자 한 판'의 뜻이 된다. '종이 한 장'은 a sheet of paper로 써야 한다. '피자 한 조각'은 a slice of pizza나 a piece of pizza로 나타낸다. '케이크 한 조각'은 a piece of cake로 써야 한다.

C

해석
① 차 두 잔
② 빵 여덟 조각
③ 케이크 세 조각
④ 옥수수 네 캔
⑤ 빵 두 덩어리
⑥ 물 여덟 병
⑦ 콜라 두 캔
⑧ 사과 주스 여섯 팩
⑨ 햄 일곱 조각
⑩ 금괴 두 개

해설
물질명사를 수량으로 표현할 때, 그 물질명사의 형태를 나타내는 말이나 무게, 길이 등의 단위를 사용할 수 있다. 물질명사는 셀 수 없으므로 항상 단수형으로 쓰고, 수량을 표현하는 형태를 나타내는 말이나 단위는 셀 수 있는 명사이므로 여러 개일 경우 반드시 복수형으로 써야 한다.

D

해설
물질명사의 수량 표현에는 그 물질명사의 형태를 나타내는 말이나 단위명사를 사용한다.

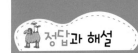

Unit 06 〈 There is / are

WORKBOOK 12~13쪽

A ❶ any ❷ some ❸ some ❹ any ❺ some ❻ any
❼ some ❽ any ❾ any ❿ some

B ❶ is ❷ is ❸ are ❹ are ❺ are ❻ are ❼ are
❽ are ❾ is ❿ is

C ❶ There are ❷ There are ❸ There are ❹ There
are ❺ There is ❻ There are ❼ There is
❽ There is ❾ There are ❿ There is

D ❶ There are seven days ❷ There are 24 hours
❸ There are 60 seconds ❹ There are 31 days
❺ There are five oceans ❻ There is one[a]
heart

A

해석

❶ 우리에게는 돈이 하나도 없다.
❷ 그는 몇 권의 공책을 가지고 있다.
❸ 그들은 약간의 오렌지 주스를 마신다.
❹ 숲 속에는 새가 한 마리도 없다.
❺ 그녀는 매주 월요일에 달걀 몇 개를 구입한다.
❻ 질문이 있나요, 학생들?
❼ 나는 약간의 물을 원한다.
❽ 그는 개미를 한 마리도 밟지 않는다.
❾ 너의 아버지는 하시는 운동이 있으시니?
❿ 나는 주말에 만화책을 읽는다.

해설

긍정문에는 some, 부정문이나 의문문에는 any를 쓴다.

B

해석

❶ 고양이 한 마리가 있다.
❷ 연 한 개가 있다.
❸ 고양이 두 마리가 있다.
❹ 다섯 자루의 연필이 있다.
❺ 열 명의 소년이 있다.
❻ 몇 마리의 새가 있다.
❼ 7일이 있다.
❽ 많은 사람들이 있다.
❾ 시간이 많지 않다.
❿ 약간의 돈이 있다.

해설

〈There is+단수명사/셀 수 없는 명사〉, 〈There are+복수명사〉
의 구조로 문장을 완성한다.

C

해석

❶ 나의 학교에는 많은 남자아이와 여자아이들이 있다.
❷ 나의 학교에는 교실이 많이 있다.
❸ 교실 안에는 책상들과 의자들이 있다.
❹ 몇 개의 선풍기들도 있다.
❺ 나의 학교에는 체육관이 하나 있다.
❻ 체육관에는 많은 공들이 있다.
❼ 나의 학교에는 수영장이 하나 있다.
❽ 수영장 안에는 물이 많지 않다.
❾ 나의 학교에는 두 개의 음악실이 있다.
❿ 각 음악실에는 한 대의 피아노가 있다.

해설

〈There is+단수명사/셀 수 없는 명사〉, 〈There are+복수명사〉
의 구조로 문장을 완성한다.

D

해석

❶ Q: 일주일에는 얼마나 많은 날들이 있나요?
　 A: 일주일에는 7일이 있어요.
❷ Q: 하루에는 몇 시간이 있나요?
　 A: 하루에는 24시간이 있어요.
❸ Q: 일 분에는 몇 초가 있나요?
　 A: 일 분에는 60초가 있어요.
❹ Q: 1월에는 얼마나 많은 날이 있나요?
　 A: 1월에는 31일이 있어요.
❺ Q: 지구상에는 몇 개의 대양이 있나요?
　 A: 지구상에는 5개의 대양이 있어요.
❻ Q: 우리 몸에는 몇 개의 심장이 있나요?
　 A: 우리 몸에는 하나의 심장이 있어요.

해설

대답에 복수명사가 사용되면 There are ~로 문장을 완성하고,
대답에 단수명사가 사용되면 There is ~로 문장을 완성한다.

Unit 07 인칭대명사

WORKBOOK 14~15쪽

A ❶ 1인칭 ❷ 3인칭 ❸ 3인칭 ❹ 2인칭 ❺ 1인칭 ❻ 3인칭 ❼ 2인칭 ❽ 3인칭 ❾ 3인칭 ❿ 1인칭

B ❶ I ❷ you ❸ he ❹ she ❺ you ❻ me ❼ you ❽ us ❾ you ❿ them

C ❶ He is my friend. ❷ It comes here. ❸ Don't take his pen. ❹ She has two sons. ❺ It is a busy city. ❻ I have them. ❼ They speak English. ❽ We know her name. ❾ I like them. ❿ They are good friends.

D ❶ They are not yours. ❷ This is mine. ❸ It is ours. ❹ That is his. ❺ It is hers. ❻ I have mine. ❼ That is not his. ❽ They are hers. ❾ Where are yours? ❿ You can take mine.

A

> **해설**

I는 1인칭 주격, me는 목적격, my는 소유격 인칭대명사이다. you는 2인칭 단수, 복수의 주격, 목적격이고, your는 소유격이다. he는 3인칭 남성의 주격, him은 목적격, his는 소유격이다. she는 3인칭 여성의 주격, her는 목적격, 소유격이다. they는 3인칭 복수의 주격, them은 목적격, their는 소유격이다.

B

> **해설**

1인칭의 단수 주격, 목적격, 소유격은 각각 I, me, my이고, 복수는 we, us, our이다. 2인칭은 각각 you, you, your이다. 3인칭은 남성의 경우 he, him, his, 여성의 경우 she, her, her, 사물의 경우 it, it, its이다.

C

> **해석**

❶ 지훈이는 나의 친구이다.
❷ 학교 버스가 여기 온다.
❸ Tom의 펜을 가져가지 마라.
❹ Smith 부인에게는 두 명의 아들이 있다.
❺ 서울은 번잡한 도시이다.
❻ 나는 세 권의 책을 가지고 있다.
❼ 미국인들은 영어로 말한다.

❽ 우리는 그 소녀의 이름을 안다.
❾ 나는 나의 선생님의 이야기들을 좋아한다.
❿ Andy와 Josh는 좋은 친구 사이이다.

> **해설**

3인칭 복수의 주격, 목적격, 소유격은 각각 they, them, their이다.

D

> **해석**

❶ 그것들은 너의 쿠키가 아니다.
❷ 이것은 내 방이다.
❸ 그것은 우리 집이다.
❹ 저것은 그의 정원이다.
❺ 그것은 내 여동생의 드레스이다.
❻ 나는 내 표를 가지고 있다.
❼ 저것은 우리 할아버지의 펜이 아니다.
❽ 그것들은 Mary의 새 머리핀이다.
❾ 네 안경은 어디에 있니?
❿ 너는 내 낡은 배낭을 가져가도 된다.

> **해설**

〈소유격+명사〉는 소유대명사로 바꿔 쓸 수 있다. 뒤따르는 명사가 단수인지 복수인지 관계없이 소유격 인칭대명사에 맞는 소유대명사를 쓰면 된다.

Unit 08 지시대명사

WORKBOOK 16~17쪽

A ❶ This, is ❷ That, is ❸ These, are ❹ That, is ❺ Those, are

B ❶ These are sunflowers. ❷ That is an album. ❸ Those are baby tigers. ❹ This is a pink balloon. ❺ These are cars. ❻ That is a hat. ❼ This is a honey bee. ❽ These are cellos. ❾ That is a sweet potato. ❿ Those are notebooks.

C ❶ They are sweet strawberries. ❷ It is a very big room. ❸ She is my new teacher. ❹ They are zoo animals. ❺ They are nice.

D ❶ This rabbit ❷ That girl ❸ these (people) ❹ Those boxes ❺ These flowers ❻ this bag ❼ that bookstore ❽ this song ❾ This elephant ❿ These paintings

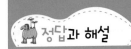
A

해설

가까이에 있는 단수명사는 this, 복수명사는 these로 가리키고, 멀리 있는 단수명사는 that, 복수명사는 those로 가리킨다.

B

해석

❶ 이것은 해바라기입니다.
❷ 저것들은 앨범들입니다.
❸ 저것은 아기 호랑이입니다.
❹ 이것들은 분홍색의 풍선들입니다.
❺ 이것은 자동차입니다.
❻ 저것들은 모자들입니다.
❼ 이것들은 꿀벌들입니다.
❽ 이것은 첼로입니다.
❾ 저것들은 고구마들입니다.
❿ 저것은 공책입니다.

해설

this의 복수형은 these, that의 복수형은 those이다.

C

해석

❶ 이것들은 달콤한 딸기들입니다.
❷ 이것은 매우 큰 방입니다.
❸ 저 여성은 나의 새로운 선생님이십니다.
❹ 저것들은 동물원의 동물들입니다.
❺ 이 컴퓨터들은 좋습니다.

해설

this, that은 인칭대명사 it으로, these, those는 인칭대명사 they로 바꿔 쓸 수 있다.

D

해설

가까이에 있는 단수명사를 가리킬 때 지시형용사 this, 복수이면 these와 함께 쓸 수 있다. 멀리 있는 단수명사를 가리킬 때 지시형용사 that, 복수이면 those와 함께 쓸 수 있다.

Unit 09 be동사 평서문

WORKBOOK 18~19쪽

A ❶ is ❷ are ❸ are ❹ are ❺ is ❻ is ❼ are ❽ is ❾ am ❿ are

B ❶ am ❷ are ❸ are ❹ is ❺ are ❻ is ❼ is ❽ are ❾ is ❿ am

C ❶ You, are ❷ We, are ❸ They, are ❹ It, is ❺ They, are ❻ They, are ❼ They, are ❽ He, is

D ❶ Those are ❷ These are ❸ The trees are ❹ The students are ❺ You're ❻ We are ❼ They're ❽ We're

A

해석

❶ 그것은 나의 모자이다.
❷ 우리는 초등학생이다.
❸ 너는 Pete의 친구이다.
❹ 그것들은 내 장난감들이다.
❺ 이것은 우산이다.
❻ 그는 집에 있다.
❼ 당신들은 멋진 선수들이다!
❽ 그녀는 용감하다.
❾ 나는 약간 춥다.
❿ 그것들은 맛있는 쿠키들이다.

해설

1인칭 단수 I와 함께 쓰이는 be동사는 am, 2인칭 또는 복수와 함께 쓰이는 be동사는 are, 3인칭 단수와 함께 쓰이는 be동사는 is이다.

B

해석

❶ 나는 Cecil이다.
❷ 배들은 바다에 있다.
❸ 그것들은 내 신발이다.
❹ 우유는 어린이들에게 좋다.
❺ 그녀와 나는 자매이다.
❻ Gary는 나의 이름이다.
❼ 이분은 나의 엄마이시다.
❽ 너와 Tim은 음악에 관심이 있다.
❾ 그것은 멋진 이야기이다!
❿ 나는 학교에 있다.

해설

1인칭 단수 I와 함께 쓰이는 be동사는 am, 2인칭 또는 복수와 함께 쓰이는 be동사는 are, 3인칭 단수와 함께 쓰이는 be동사는 is이다.

C

해석

❶ 너와 Mary는 체육관에 있다.
➡ 너희들은 체육관에 있다.
❷ 너와 나는 지금 신이 나 있다.
➡ 우리는 지금 신이 나 있다.
❸ 그 차들은 녹색이다.
➡ 그것들은 녹색이다.
❹ 물은 사람들에게 유용하다.
➡ 그것은 사람에게 유용하다.
❺ Samuel과 Ann은 좋다.
➡ 그들은 좋다.
❻ 그와 그녀는 울산 출신이다.
➡ 그들은 울산 출신이다.
❼ 나무와 꽃들은 정원에 있다.
➡ 그것들은 정원에 있다.
❽ Philip은 나의 가장 좋은 친구이다.
➡ 그는 나의 가장 좋은 친구이다.

해설

대명사란 명사를 대신하여 쓰는 말이다. 단수인 경우 남성은 he, 여성은 she, 사람이 아닌 경우는 it으로 칭한다. 나를 포함한 여럿은 we, 상대방을 포함한 여럿은 you, 제3자가 여럿인 경우는 사람이든 사물이든 they이다.

D

해석

❶ 그것은 내 우산이다.
➡ 그것들은 내 우산들이다.
❷ 이것은 재미있는 영화이다.
➡ 이것들은 재미있는 영화들이다.
❸ 그 나무는 매우 크다.
➡ 그 나무들은 매우 크다.
❹ 그 학생은 구내식당에 있다.
➡ 그 학생들은 구내식당에 있다.
❺ 너는 배가 고프다.
➡ 너희들은 배가 고프다.
❻ 나는 네가 걱정된다.
➡ 우리들은 네가 걱정된다.
❼ 그녀는 훌륭한 선생님이다.

➡ 그들은 훌륭한 선생님들이다.
❽ 나는 주방에 있다.
➡ 우리는 주방에 있다.

해설

주어가 복수가 되면 be동사는 무조건 are를 쓴다. 주어와 be동사는 줄여 쓸 수 있다.

Unit 10 be동사 부정문

WORKBOOK 20~21쪽

A ❶ She's not ❷ It isn't ❸ They aren't ❹ I'm not ❺ They aren't ❻ They aren't ❼ You aren't ❽ It's not ❾ They aren't ❿ It isn't

B ❶ isn't ❷ are ❸ isn't ❹ are ❺ aren't ❻ is ❼ aren't ❽ aren't ❾ isn't ❿ aren't

C ❶ It isn't a banana[It's not a banana]. ❷ I'm not a teacher. ❸ She isn't in her room[She's not in her room]. ❹ They aren't friendly to people[They're not friendly to people]. ❺ They aren't my school bags[They're not my school bags]. ❻ We aren't in the theater[We're not in the theater]. ❼ Many trees aren't green in winter. ❽ You aren't a little baby any more[You're not a little baby any more]. ❾ This isn't my favorite fruit.

D ❶ I'm not ❷ Max and I aren't ❸ The flowers aren't ❹ The water isn't[The water's not] ❺ Today's not[Today isn't] ❻ Students aren't ❼ Mr. Song's not[Mr. Song isn't]

A

해석

❶ 그녀는 키가 크다. 그녀는 작지 않다.
❷ 그 바위는 무겁다. 그것은 가볍지 않다.
❸ 그 오리들은 귀엽다. 그것들은 못나지 않았다.
❹ 나는 그 음식으로 배가 부르다. 나는 배고프지 않다.
❺ 그 아기들은 작다. 그들은 크지 않다.
❻ 그 옷들은 새것이다. 그것들은 낡지 않았다.
❼ 너는 신이 나 있다. 너는 지루하지 않다.

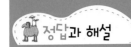
⑧ 그것은 탁자 위에 있다. 그것은 탁자 아래에 있지 않다.
⑨ 꽃들이 탁자 위에 있다. 그것들은 꽃병 속에 있지 않다.
⑩ 그 차는 뜨겁다. 그것은 차갑지 않다.

해설

주어가 단수일 때는 남성이면 he, 여성이면 she, 사람이 아니면 it으로 바꿔 쓸 수 있고, 복수일 때는 they로 바꿔 쓸 수 있다. be동사와 not은 줄여 쓸 수 있는데, 줄여 쓸 때는 반드시 어퍼스트로피(')를 사용한다.

B

해석

❶ Bill은 은행 직원이다. 그는 배우가 아니다.
❷ Ellie와 Chris는 나의 사촌들이다. 그들은 나의 학급 친구들이 아니다.
❸ 그 동물은 호랑이가 아니다. 그것은 사자이다.
❹ Tim과 나는 강하다. 우리는 약하지 않다.
❺ 그녀와 나는 자매가 아니다. 우리는 친구이다.
❻ 나의 이름은 Monica가 아니야. Molly라고!
❼ 너는 어린 꼬마다. 너는 어른이 아니다.
❽ 컵과 유리잔은 탁자 위에 있지 않다. 그것들은 싱크대 안에 있다.
❾ 그것은 멋진 이야기이다. 그것은 지루하지 않다.
❿ Lynn과 그녀의 자매는 나와 함께 있다. 그들은 외롭지 않다.

해설

주어 다음에 형용사나 명사가 바로 올 수 없는데, 이때 주어와 주어를 설명해 주는 말을 연결해 주는 것이 be동사이다. be동사를 부정할 때는 be동사 다음에 not을 쓰고, be동사와 not은 줄여 쓸 수 있다. 주어가 단수일 때는 isn't, 복수일 때는 aren't이다.

C

해석

❶ 그것은 바나나가 아니다.
❷ 나는 선생님이 아니다.
❸ 그녀는 자기 방에 있지 않다.
❹ 그들은 사람들에게 다정다감하지 않다.
❺ 그것들은 내 학교 가방이 아니다.
❻ 우리는 극장에 있지 않다.
❼ 많은 나무들은 겨울에 푸르지 않다.
❽ 너는 더 이상 아기가 아니다.
❾ 이것은 내가 제일 좋아하는 과일이 아니다.

해설

주어가 we, they, you일 때 be동사의 부정은 aren't[are not]이다. 주어와 be동사를 줄여 쓴 경우에는 뒤에 not을 쓴다.

D

해석

❶ 나는 만화를 잘 그린다.
➡ 나는 만화를 못 그리지 않는다.
❷ Max와 나는 그것에 대해 행복하다.
➡ Max와 나는 그것에 대해 슬프지 않다.
❸ 그 꽃들은 크다.
➡ 그 꽃들은 작지 않다.
❹ 그 물은 차다.
➡ 그 물은 따뜻하지 않다.
❺ 오늘은 평일이다.
➡ 오늘은 토요일이 아니다.
❻ 학생들은 신이 나 있다.
➡ 학생들은 지루하지 않다.
❼ 송 선생님은 버스 안에 있다.
➡ 송 선생님은 자동차 안에 있지 않다.

해설

be동사를 부정할 때는 be동사 다음에 not을 쓰고, be동사와 not은 줄여 쓸 수 있다. 주어가 단수일 때는 isn't, 복수일 때는 aren't이다. 또는 주어와 be동사를 줄여 쓰고 그 뒤에 not을 쓰는 방법도 있다.

Unit 11 be동사 의문문

WORKBOOK 22~23쪽

A ❶ Are ❷ Is ❸ Am ❹ Is ❺ Are ❻ Are ❼ Are ❽ Are ❾ Is ❿ Am

B ❶ Are you hot ❷ Are they their cars ❸ Is John in the garden ❹ Are these from France ❺ Is she on the bus ❻ Am I on time ❼ Am I wrong ❽ Is your brother married ❾ Is Mr. Peters from the United States ❿ Is your sister's name Monica[Is Monica your sister's name]

C ❶ it, isn't ❷ they, are ❸ you, aren't ❹ it, is ❺ they, are ❻ it, is ❼ I'm[we], not[aren't] ❽ it, is

D ❶ he, she ❷ Is, Are ❸ is, isn't ❹ this is, it isn't ❺ you are, I am[we are] ❻ I'm not, you aren't

A

해석

① Oliver와 Miguel은 형제니?
② 이 자전거는 네 것이니?
③ 내가 너무 수줍어하니?
④ Jessica는 자기 방에 있니?
⑤ 너는 열세 살이니?
⑥ 그 꽃들은 봄에 사랑스럽니?
⑦ Emma와 너는 드라마 동아리에 있니?
⑧ 저것들은 너의 양말이니?
⑨ 우리의 계획은 모든 사람에게 좋니?
⑩ 내가 우리 모둠의 장이야?

해설

1인칭 단수 I와 함께 쓰이는 be동사는 am, 2인칭 또는 복수와 함께 쓰이는 동사는 are, 단수와 함께 쓰이는 be동사는 is이다.

B

해석

① 너 덥니?
② 저것들은 그들의 차니?
③ John은 정원에 있니?
④ 이 사람들은 프랑스에서 왔니?
⑤ 그녀는 버스를 타고 있니?
⑥ 내가 시간을 딱 맞췄니?
⑦ 내가 틀렸니?
⑧ 너의 오빠는 결혼했니?
⑨ Peters 씨는 미국에서 왔니?
⑩ 네 여동생 이름이 Monica이니? / Monica가 네 여동생 이름이니?

해설

be동사 의문문은 〈Be동사+주어 ~?〉의 형태이다.

C

해석

① 그리기가 너의 취미니? – 아니, 그렇지 않아.
② 그 학생들은 체육관에 있니? – 응, 그래.
③ 제가 수업에 늦었나요? – 아니, 그렇지 않아.
④ 오늘이 일요일이니? – 응, 그래.
⑤ 이 색들이 네가 제일 좋아하는 것들이니? – 응, 그래.
⑥ 이 노래는 한국에서 인기가 많니? – 응, 그래.
⑦ 너 피곤하고 졸리니? – 아니, 그렇지 않아.
⑧ 다 괜찮니? – 응, 그래.

해설

be동사 의문문에 대한 대답은 〈Yes, 대명사 주어+be동사. / No, 대명사 주어+be동사와 not의 줄임형.〉으로 한다. I나 we로 물으면 you로 대답하고, you로 물으면 I나 we로 대답한다.

D

해석

① A: Sophia는 그녀의 이웃들에게 잘 하니?
   B: 네, 그래요.
② A: Max와 나는 한 팀이니?
   B: 응, 그래.
③ A: 그 뮤지컬 여기에서 유명하니?
   B: 아니, 그렇지 않아.
④ A: 이것이 너의 스마트폰이니?
   B: 아니, 그렇지 않아.
⑤ A: 네[너희] 지금 행복하니?
   B: 응, 그래.
⑥ A: 내가 지나치게 느리니?
   B: 아니, 그렇지 않아.

해설

be동사 의문문에 답하기 위해서는, 질문의 주어를 어떤 대명사로 받을지 정확하게 알고 있어야 한다. 사람이 아니면서 복수가 아닌 것은 모두 대명사 it으로 받을 수 있다. 그리고 복수인 것은 사람이든 사물이든 they로 받는다. I나 we로 물으면 you로 대답하고, you로 물으면 I나 we로 대답한다. 아니라고 대답할 때는 be동사와 not을 줄여 써야 한다.

Unit 12 일반동사 평서문

WORKBOOK 24~25쪽

A ① ⓔ ② ⓓ ③ ⓒ ④ ⓑ ⑤ ⓐ ⑥ ⓗ ⑦ ⓖ ⑧ ⓘ ⑨ ⓕ
  ⑩ ⓙ
B ① listens ② runs ③ take ④ has ⑤ go ⑥ calls
  ⑦ looks ⑧ live ⑨ download ⑩ read
C ① drinks a lot of water ② gives cookies
  ③ sells used cars ④ drives the big truck ⑤ eats
  fruit and vegetables ⑥ builds a sand castle
  ⑦ flies high ⑧ gives snacks
D ① sounds ② pick ③ has ④ says ⑤ practice
  ⑥ cries ⑦ drinks ⑧ flies ⑨ introduces

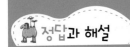

A

해석

❶ 주스를 좀 마시다
❷ 창문을 열다
❸ 농구를 하다
❹ 자전거를 타다
❺ TV를 보다
❻ 만화책을 읽다
❼ 꼬마를 돕다
❽ 그 물을 붓다
❾ 음식을 요리하다
❿ 차를 운전하다

해설

동사는 의미와 성격에 따라 함께 쓰이는 단어들이 제한된다. 서로 같이 쓰이는 표현을 많이 알아둘수록 영어를 더 잘 사용할 수 있다.

B

해석

❶ 그녀는 힙합 음악을 듣는다.
❷ 나의 고양이는 나비를 쫓아 달린다.
❸ 그 아기들은 매일 오후에 낮잠을 잔다.
❹ 세라의 오빠는 매우 늦게 저녁을 먹는다.
❺ 우리는 매년 여름 캠핑을 간다.
❻ 우리 엄마는 매일 나에게 전화하신다.
❼ 이 셔츠 너에게 잘 어울린다!
❽ 너와 나는 대도시에 산다.
❾ 너는 항상 새 영화를 내려 받는다.
❿ 우리 부모님은 매일 아침 두 개의 신문을 읽으신다.

해설

주어가 3인칭 단수일 때는 동사에 -(e)s를 붙이고, 나머지는 모두 동사원형을 그대로 쓰면 된다.

C

해석

❶ 나는 매일 많은 물을 마신다.
➡ 그는 매일 많은 물을 마신다.
❷ 너는 아이들에게 과자를 준다.
➡ Matt는 아이들에게 과자를 준다.
❸ 그들은 사람들에게 중고차를 판다.
➡ 그 가게는 사람들에게 중고차를 판다.
❹ 우리는 큰 트럭을 운전한다.
➡ 그 경찰관은 큰 트럭을 운전한다.
❺ 그들은 건강을 위해 과일과 야채를 먹는다.
➡ Sam은 건강을 위해 과일과 야채를 먹는다.
❻ 그 학생들은 모래성을 만든다.
➡ 그 예술가는 모래성을 만든다.

❼ 새들이 하늘 높이 난다.
➡ 내 연이 하늘 높이 난다.
❽ 그 숙녀들은 나와 내 친구들에게 과자를 준다.
➡ Helen 씨는 나와 내 친구들에게 과자를 준다.

해설

주어가 3인칭 단수일 때는 동사에 -(e)s를 붙인다. 〈자음+y〉로 끝나는 동사는 y를 i로 고치고 -es를 붙인다.

D

해석

❶ 그것 좋겠는데!
❷ 농부들이 사과를 딴다.
❸ 그 나무는 빨간 잎을 가지고 있다.
❹ 그녀는 그에 대해 좋은 말을 한다.
❺ 우리는 축제를 위해 연습한다.
❻ 그는 하루 종일 운다.
❼ Vivian은 커피를 너무 많이 마신다.
❽ Jack은 종이비행기를 날린다.
❾ 그 팀은 새로운 연극을 소개한다.

해설

주어가 3인칭 단수일 때는 동사에 -(e)s를 붙이고, 그 외에는 동사원형을 그대로 쓴다.

Unit 13 일반동사 부정문

WORKBOOK 26~27쪽

A ❶ doesn't run ❷ doesn't listen ❸ don't take ❹ doesn't go ❺ doesn't smell ❻ don't take ❼ don't miss ❽ don't like ❾ don't have ❿ doesn't speak

B ❶ doesn't[does not] help ❷ don't[do not] like ❸ don't[do not] do ❹ doesn't[does not] collect ❺ doesn't[does not] start ❻ doesn't[does not] go ❼ don't[do not] carry ❽ doesn't[does not] have ❾ don't[do not] order ❿ doesn't[does not] wear

C ❶ don't, eat ❷ don't, have ❸ don't, read ❹ doesn't, take ❺ doesn't, work ❻ don't, play ❼ doesn't, use

D ❶ flows, flow ❷ doesn't, don't ❸ don't, doesn't ❹ don't cares, doesn't care ❺ brush not, don't brush ❻ draws not, doesn't draw

A

해석

❶ 내 차는 빨리 달리지 않는다.
❷ 그는 케이팝을 듣지 않는다.
❸ 그들은 점심 식사 후에 낮잠을 자지 않는다.
❹ 그 새끼고양이는 밖에 나가지 않는다.
❺ 그 복숭아는 단내가 나지 않는다.
❻ 우리는 이것을 더 이상 참을 수 없다.
❼ Bella와 Joshua는 그를 그리워하지 않는다.
❽ 나는 뱀을 좋아하지 않는다.
❾ 너는 학교에서 점심을 먹지 않는다.
❿ 그녀는 영어를 말하지 않는다.

해설

〈do not+동사원형〉은 〈don't+동사원형〉으로, 〈does not+동사원형〉은 〈doesn't+동사원형〉으로 줄여 쓸 수 있다.

B

해석

❶ 그는 집에서 엄마를 돕는다.
❷ 나는 당근과 브로콜리를 좋아한다.
❸ 그들은 저녁 식사 후에 숙제를 한다.
❹ 그녀는 말린 꽃을 모은다.
❺ 수업은 8시에 시작한다.
❻ Gary는 매우 일찍 잔다.
❼ 학생들은 거대한 롤케이크를 운반한다.
❽ 내 남동생은 시력이 좋다.
❾ 우리는 이 식당에서 패스트푸드를 주문한다.
❿ Sandra는 월요일마다 치마를 입는다.

해설

주어가 3인칭 단수일 때 일반동사의 부정은 〈doesn't[does not]+동사원형〉이다. 그 외 일반동사의 부정은 〈don't[do not]+동사원형〉이다.

C

해설

주어가 3인칭 단수일 때 일반동사의 부정은 〈doesn't[does not]+동사원형〉이다. 그 외 일반동사의 부정은 〈don't[do not]+동사원형〉이다.

D

해석

❶ 그 강은 남쪽으로 흐르지 않는다.
❷ Chris와 Roxy는 이번 주말에 낚시하러 가지 않는다.
❸ 수업은 9시가 될 때까지 시작하지 않는다.
❹ 그는 그 소식에 개의치 않는다.
❺ 나는 점심 먹고는 이를 닦지 않는다.
❻ Morris는 많은 그림을 그리지는 않는다.

해설

주어가 3인칭 단수일 때 일반동사의 부정은 〈doesn't+동사원형〉이다. 그 외 일반동사의 부정은 〈don't+동사원형〉이다.

Unit 14 일반동사 의문문

WORKBOOK 28~29쪽

A ❶ Do ❷ Does ❸ Do ❹ Do ❺ Does ❻ Does ❼ Do ❽ Do ❾ Do ❿ Does

B ❶ Does she read magazines? ❷ Does their mother drive a car? ❸ Do you take a shower? ❹ Do we work indoors? ❺ Does the clerk show the new smart phone? ❻ Do I look good in this dress? ❼ Do Sam and his friends go on a bus trip?

C ❶ I, don't ❷ they, do ❸ he, doesn't ❹ they, do ❺ she, does ❻ he, does ❼ we, don't ❽ they, do

D ❶ is, does ❷ Do, Does ❸ don't, doesn't ❹ you, I ❺ this, it ❻ Does, Do

A

해석

❶ 너와 너의 오빠는 일찍 일어나니?
❷ 그녀는 학교를 좋아하니?
❸ 그 아이들은 학교에 걸어서 가니?
❹ 그들은 10시에 자니?
❺ 너의 고양이는 생선을 먹니?
❻ 그는 만화책을 읽니?
❼ Emma와 Mary의 엄마는 시골에 사시니?
❽ 우리는 선글라스가 있니?
❾ 너는 애완동물을 키우니?
❿ Amy는 방과 후에 숙제를 하니?

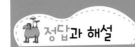

해설

주어가 I, you, 복수일 때 일반동사 의문문은 〈Do+주어+동사원형 ~?〉의 형태이다. 주어가 3인칭 단수일 때 의문문은 〈Does+주어+동사원형 ~?〉의 형태이다.

B

해석

❶ 그녀는 잡지를 읽니?
❷ 그들의 엄마는 차를 운전하니?
❸ 너는 샤워를 하니?
❹ 우리는 실내에서 근무합니까?
❺ 그 직원이 새로운 스마트폰을 보여 주니?
❻ 이 옷을 입으면 나 좋아 보이니?
❼ Sam과 친구들은 버스 여행을 가니?

해설

일반동사 의문문은 〈Do[Does]+주어+동사원형 ~?〉의 순서로 쓴다.

C

해석

❶ 너는 무엇인가를 수집하니? – 아니, 그렇지 않아.
❷ 그들은 드럼을 연주하니? – 응, 그래.
❸ Larry는 그 수업을 받니? – 아니, 그렇지 않아.
❹ 네 남자형제들은 학교에 다니니? – 응, 그래.
❺ 그녀는 풍선껌을 사니? – 응, 그래.
❻ 그는 한국어를 하니? – 응, 그래.
❼ 우리는 정각에 도착하니? – 아니, 그렇지 않아.
❽ 개들은 낮잠을 자니? – 응, 그래.

해설

일반동사가 쓰인 문장의 주어가 1, 2인칭이거나 복수일 때의 의문문은 〈Do+주어+동사원형 ~?〉이고, 그에 대한 응답은 〈Yes, 대명사 주어+do. / No, 대명사 주어+don't.〉로 한다. 일반동사가 쓰인 문장의 주어가 3인칭 단수일 때의 의문문은 〈Does+주어+동사원형 ~?〉이고, 그에 대한 응답은 〈Yes, 대명사 주어+does./ No, 대명사 주어+doesn't.〉로 한다.

D

해석

❶ A: 그녀는 주스를 좀 마시니?
　 B: 응, 그래.
❷ A: Meg은 스파게티를 요리하니?
　 B: 응, 그래.
❸ A: 너의 엄마는 영어를 가르치시니?

B: 아니, 그렇지 않아.
❹ A: 너 전화기 가지고 가니?
　 B: 아니, 그렇지 않아.
❺ A: 이 차는 정각에 떠나니?
　 B: 응, 그래.
❻ A: Kyle과 Judy는 함께 일하니?
　 B: 아니, 그렇지 않아.

해설

일반동사가 쓰인 문장의 주어가 1, 2인칭이거나 복수일 때의 의문문은 〈Do+주어+동사원형 ~?〉이고, 그에 대한 응답은 〈Yes, 대명사 주어+do. / No, 대명사 주어+don't.〉로 한다. 일반동사가 쓰인 문장의 주어가 3인칭 단수일 때의 의문문은 〈Does+주어+동사원형 ~?〉이고, 그에 대한 응답은 〈Yes, 대명사 주어+does./ No, 대명사 주어+doesn't.〉로 한다.

Unit 15 현재시제

WORKBOOK 30~31쪽

A ❶ eat ❷ has ❸ begins ❹ drinks ❺ go ❻ lives ❼ pushes ❽ has ❾ likes ❿ plays

B ❶ buy[am buying] ❷ goes ❸ takes ❹ drink[are drinking] ❺ rains[is raining] ❻ are ❼ ties[is tying] ❽ asks[is asking] ❾ wait ❿ look[are looking]

C ❶ cries ❷ sitting ❸ are ❹ washing ❺ have ❻ speaks ❼ washes ❽ staying ❾ reads ❿ loves

D ❶ Is he dancing at the hall? ❷ They are not[They're not / They aren't] taking a walk. ❸ Are you looking for your children? ❹ She is not[She's not / She isn't] lying on the floor. ❺ Is Jane reading a book?

A

해석

❶ 내 여동생과 나는 매일 7시 30분에 아침을 먹는다.
❷ 한국은 4계절이 있다.
❸ 내 수업은 항상 9시 5분에 시작한다.
❹ 우리 선생님은 교실에서 차를 드신다.
❺ 우리는 주말마다 쇼핑을 간다.
❻ 그녀는 아파트에 산다.
❼ 그는 첫 번째 문을 민다.
❽ 내 여동생은 스마트폰을 가지고 있다.

❾ 김 선생님은 초콜릿을 좋아한다.
❿ 그는 테니스를 친다.

해설
현재의 상태, 습관 등 반복되는 일상이나 사실을 나타낼 때는 현재시제를 쓰고, 일반동사의 현재형은 주어가 3인칭 단수일 때 동사원형에 -(e)s를 붙인다.

B

해석
❶ 나는 사과파이를 슈퍼마켓에서 산다.
❷ 그는 평일에 학교에 간다.
❸ Jim은 매일 아침 샤워를 한다.
❹ 우리는 커피를 마신다.
❺ 비가 몹시 내린다.
❻ 그들은 배고프다.
❼ Lisa는 문에서 신발 끈을 맨다.
❽ Jane은 수업 중에 질문을 한다.
❾ 너는 버스를 기다리니?
❿ 그 학생들은 열쇠를 찾는다.

해설
일반동사의 현재형은 주어가 3인칭 단수일 때 동사원형에 -(e)s를 붙인다.

C

해석
❶ 그 아기는 매일 크게 운다.
❷ 그는 내 옆에 앉아 있다.
❸ 야채는 네 건강에 좋다.
❹ 그는 지금 설거지를 하고 있다.
❺ 그들은 늘 나를 위해 많은 계획을 가지고 있다.
❻ 민수는 영어를 잘 말한다.
❼ 나의 아버지는 주말마다 세차를 하신다.
❽ 그녀는 지금 런던에 머무르고 있다.
❾ Tom은 매일 신문을 읽는다.
❿ Jane은 현재 Mike를 사랑하고 있다.

해설
be동사가 있으면 현재진행시제를 쓰고, 일반적 사실, 상태, 습관 등은 현재시제를 쓴다. love는 현재진행시제를 쓰지 않고 현재시제를 쓴다.

D

해석
❶ 그는 홀에서 춤을 추고 있다.

❷ 그들은 산책을 하고 있다.
❸ 너는 네 아이들을 찾고 있다.
❹ 그녀는 바닥에 누워 있다.
❺ Jane은 책을 읽고 있다.

해설
현재진행시제의 부정문은 〈주어+be동사 현재형+not+동사원형 -ing ~.〉 형태를 쓰고, 현재진행시제의 의문문은 〈Be동사 현재형 +주어+동사원형-ing ~?〉의 형태를 쓴다.

Unit 16 과거시제

WORKBOOK 32~33쪽

A ❶ played ❷ was ❸ caught ❹ asked ❺ got
❻ was ❼ liked ❽ went ❾ went ❿ was
B ❶ does ❷ came ❸ kept ❹ going ❺ read
❻ were ❼ put ❽ gave ❾ stopping ❿ draws
C ❶ were not[weren't] ❷ wasn't[was not] ❸ were not[weren't] ❹ Was ❺ Were ❻ know ❼ didn't ❽ didn't ❾ did ❿ Did your parents have
D ❶ The boy fell off the horse. ❷ The telephone didn't[did not] ring loudly. ❸ He didn't[did not] tell me the truth. ❹ She kept the secret. ❺ My friend sends me a letter. ❻ Did the team win the race? ❼ Did he come home late yesterday? ❽ His joke wasn't[was not] funny.

A

해석
❶ 그는 축구를 잘했다.
❷ 그녀는 2000년에 선생님이었다.
❸ 그는 어제 감기에 걸렸다.
❹ Bill은 많은 질문을 했다.
❺ 나는 그의 문자 메시지를 받았다.
❻ 그녀는 10분 전에 배고팠다.
❼ Willy는 그 음악을 좋아했다.
❽ 그들은 교회에 갔다.
❾ 너는 어제 슈퍼마켓에 갔다.
❿ 내 친구는 화가 났었다.

해설
play, ask는 규칙 변화하는 동사로 과거형은 동사원형에 -ed를

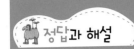

붙인다. like는 동사원형에 -d를 붙인다. be동사의 과거형은 주어에 따라 was, were를 쓰고, 일반동사의 과거형의 부정문은 did not[didn't]을 쓰고 그 뒤에 동사원형을 쓴다. catch, get, go의 과거형은 불규칙 변화하여 각각 caught, got, went이다.

B

해석
① 그녀는 토요일마다 빨래를 한다.
② 그녀는 지난주에 한국에 돌아왔다.
③ Anne Frank는 1940년대에 일기를 썼다.
④ 그들은 지금 콘서트에 가고 있다.
⑤ 나는 지난달에 "어린 왕자"를 읽었다.
⑥ 너는 작년에 수줍어했다.
⑦ 그녀는 몇 분전에 벤치 위에 내 가방을 두었다.
⑧ 우리는 어제 Jane에게 예쁜 인형을 주었다.
⑨ 그 기차는 지금 천천히 멈추고 있다.
⑩ 수지는 토요일마다 그림을 그린다.

해설
과거를 나타내는 부사(구)(last, ago, yesterday 등)가 있으면 과거시제를 쓰고, 현재 진행되고 있는 것은 현재진행시제를 쓴다. 반복되는 것은 현재시제를 쓴다.

C

해석
① Jay와 나는 바쁘지 않았다.
② Mary는 어제 한가하지 않았다.
③ 너는 지난 금요일에 수업에 없었다.
④ 민주는 2일 전에 박물관에 있었니?
⑤ 그들은 한 시간 전에 여기에 있었니?
⑥ 나는 그녀의 이메일 주소를 몰랐다.
⑦ 그들은 어제 축구를 하지 않았다.
⑧ 그녀는 일본에 갔니?
　– 아니, 그녀는 가지 않았어.
⑨ 그들은 시험에 합격했니?
　– 응, 그들은 합격했어.
⑩ 네 부모님들은 작년에 같은 차를 갖고 계셨니?

해설
주어가 1인칭 복수, 2인칭 단수와 복수, 3인칭 복수일 때 be동사 과거형은 were를 쓰고, 주어가 1인칭 단수, 3인칭 단수일 때 be동사 과거형은 was를 쓰므로 부정문은 〈주어+was[were]+not ~.〉이다. 일반동사 과거형의 부정문은 〈주어+did not[didn't]+동사원형 ~.〉으로 쓰고, 의문문은 〈Did+주어+동사원형 ~?〉으로 쓴다. 이에 대한 대답은 〈Yes, 대명사 주어+did.〉, 〈No, 대명사 주어+didn't.〉로 한다.

D

해석
① 그 소년은 말에서 떨어진다.
② 전화가 크게 울린다.
③ 그는 내게 진실을 말하지 않는다.
④ 그녀는 비밀을 간직한다.
⑤ 내 친구는 내게 편지를 보냈다.
⑥ 그 팀은 경주에서 이긴다.
⑦ 그는 어제 집에 늦게 들어왔다.
⑧ 그의 농담은 재미있다.

해설
일반동사의 과거시제 부정문은 〈주어+did not[didn't]+동사원형 ~.〉으로 쓴다. 일반동사 과거시제 의문문은 〈Did+주어+동사원형 ~?〉으로 쓴다. fall, keep의 과거형은 불규칙 변화하여 각각 fell, kept이다.

Unit 17 미래시제

WORKBOOK 34~35쪽

A ① leave ② are ③ be ④ not going ⑤ invite ⑥ won't give ⑦ not ask ⑧ to clean
B ① won't, sing ② am, going, to, wash ③ Are, you, going, to, eat ④ will, be ⑤ will, go ⑥ Is, going, to, be, nice ⑦ will, not, be, happy ⑧ Will, have
C ① are going to ② will not[won't] ③ will ④ is not[isn't] going to ⑤ is going to snow
D ① I will not[won't] call him[I'll not call him]. ② Will they join our club? ③ He will[is going to] be there on time. ④ She will[is going to] invite a lot of people. ⑤ Dad is going to make lunch for us. ⑥ He is going to go to the airport. ⑦ I will wear a seat belt. ⑧ I will[am going to] write a letter to her tomorrow. ⑨ Tony will[is going to] come to my birthday party this Sunday.

A

해석
① 그는 곧 떠날 것이다.

❷ 그들은 내 전화를 빌릴 것이다.
❸ 그녀는 올해 14살이 될 것이다.
❹ 나는 일기를 쓰지 않을 것이다.
❺ Linda는 우리를 초대할 것이다.
❻ Tony는 그것을 내게 주지 않을 것이다.
❼ 그들은 그 질문을 내게 하지 않을 것이다.
❽ 너는 네 방을 청소할 거니?

해설

미래시제는 〈will+동사원형〉이나 〈be동사의 현재형+going to+동사원형〉으로 나타낸다. 미래시제 부정은 〈will not[won't]+동사원형〉이나 〈be동사의 현재형+not+going to+동사원형〉을 쓴다.

B

해설

미래시제 의문문은 〈Be동사의 현재형 + 주어 + going to + 동사원형 ~?〉, 〈Will + 주어 + 동사원형 ~?〉의 형태로 쓴다. 미래시제 부정문은 〈주어+will not + 동사원형 ~.〉, 〈주어+be동사의 현재형 + not + going to + 동사원형 ~.〉의 형태로 쓴다.

C

해석

❶ 우리는 제과점에 갈 것이다.
❷ 그녀는 쇼핑하러 가지 않을 것이다.
❸ 그들은 방과 후에 농구를 할 것이다.
❹ Matt는 수학을 공부하지 않을 것이다.
❺ 오늘 오후에 눈이 올 것이다.

해설

will은 be going to를 이용하여 바꿔 쓸 수 있다. 미래시제의 부정문은 〈주어 + will not + 동사원형 ~.〉, 〈주어 + be동사의 현재형 + not + going to + 동사원형 ~.〉의 형태로 쓴다.

D

해석

❶ 나는 그를 부를 것이다.
❷ 그들은 우리 동아리에 가입할 것이다.
❸ 그는 정각에 거기에 있다.
❹ 그녀는 많은 사람들을 초대한다.
❺ 아빠는 우리를 위해 점심을 만드신다.
❻ 그는 공항에 간다.
❼ 나는 안전벨트를 맨다.

❽ 나는 어제 그녀에게 편지를 썼다.
❾ Tony는 지난 일요일에 내 생일 파티에 왔다.

해설

미래시제 의문문은 〈Be동사의 현재형 + 주어+going to + 동사원형 ~?〉, 〈Will + 주어 + 동사원형 ~?〉의 형태로 쓴다. 미래시제의 부정문은 〈주어+will not[won't] + 동사원형 ~.〉, 〈주어+be동사의 현재형 + not + going to + 동사원형 ~.〉의 형태로 쓴다. 시간을 나타내는 부사(구)가 tomorrow나 this로 바뀌면 시제가 미래시제로 바뀌어야 한다는 점에 유의한다.

Unit 18 시제의 일치

WORKBOOK 36~37쪽

A ❶ died ❷ is ❸ is ❹ is ❺ belongs ❻ freezes
❼ was ❽ is arriving ❾ will ❿ to go
B ❶ ○ ❷ ○ ❸ × ❹ × ❺ × ❻ ○ ❼ ○ ❽ ○ ❾ ×
❿ ×
C ❶ rises ❷ invented ❸ takes ❹ is ❺ broke
❻ makes ❼ will[am going to] buy ❽ swam
❾ spent ❿ will[is going to] go
D ❶ I had a fever yesterday. ❷ She will[is going to] paint my room tomorrow. ❸ Shakespeare wrote many plays. ❹ I will[am going to] see Henry two weeks later. ❺ We will[are going to] start at 9 tomorrow morning. ❻ Apples are good for our health. ❼ She reads[is reading] a book now. ❽ John Lennon died in 1980.

A

해석

❶ 베토벤은 1827년에 죽었다.
❷ 무소식이 희소식이다.
❸ 호주의 수도는 캔버라이다.
❹ 지구는 둥글다.
❺ 한국인들은 독도가 한국 것이라는 것을 알고 있다.
❻ 물은 섭씨 0도에서 언다.
❼ 경주는 신라 왕조의 수도였다.
❽ 그 비행기가 10분 뒤에 공항에 도착할 것이다.
❾ Paul은 화요일에 Jane과 쇼핑을 갈 것이다.
❿ Jake는 막 덕수궁에 가려고 한다.

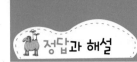

해설

속담이나 일반적인 사실, 진리는 현재시제를 쓰고, 역사적 사실이나 과거를 나타내는 부사(구)가 있으면 과거시제를 쓴다. 미래를 나타내는 부사(구)가 있으면 미래시제를 쓴다. arrive는 미래를 나타내는 부사(구)와 함께 쓰이면 현재시제나 현재진행시제로 가까운 미래를 나타낼 수 있다.

B

해석

① 그는 지금 바쁘다.
② 모든 개들은 그의 날이 있다.(쥐구멍도 볕들 날이 있다.)
③ 제2차 세계대전은 1939년에 일어났다.
④ 세종대왕은 한글을 발명하셨다.
⑤ 20 더하기 10은 30이다.
⑥ 태양은 달보다 더 크다.
⑦ Rosa는 그녀의 삼촌 집을 방문하려고 한다.
⑧ 그는 내일 오후에 유럽으로 떠날 것이다.
⑨ 지금 비가 내리고 있다.
⑩ 그녀는 어제 그녀의 숙제를 했다.

해설

부사 now가 있으면 현재시제나 현재진행시제로 쓴다. 과거를 나타내는 yesterday가 있으면 과거시제로 나타낸다. 〈be about to+동사원형〉은 미래를 나타내는 관용어구이고, leave는 현재진행시제로 미래를 나타낼 수 있다. 시제 일치의 예외로 속담이나 일반적인 사실, 진리는 항상 현재시제를 사용하고, 역사적 사실은 과거시제를 사용한다. leave가 미래를 나타내는 부사와 함께 쓰일 때 현재시제나 현재진행시제가 미래시제를 대신해 사용될 수 있다.

C

해석

① 내 여동생은 해가 동쪽에서 뜬다는 것을 배웠다.

② 나는 Bell이 전화를 발명했다는 것을 알지 못했다.
③ 그는 매일 학교에 버스를 타고 간다고 말했다.
④ 나의 할아버지는 항상 인생은 짧다고 말씀하셨다.
⑤ 나는 걸프 전쟁이 1991년에 일어났다는 것을 알았다.
⑥ 그녀는 내게 2 더하기 2가 4라고 말했다.
⑦ 나는 3년 뒤에 좋은 차를 살 것이다.
⑧ 그는 4시간 전에 수영장에서 수영을 했다.
⑨ 그녀는 지난 일요일에 그녀의 모든 돈을 써 버렸다.
⑩ Tom은 다음 주 이 시간에 런던에 갈 것이다.

해설

주절의 시제와 상관없이 항상 역사적 사실은 과거시제를 쓰고, 현재의 습관이나 일반적 사실은 현재시제를 쓴다. 과거를 나타내는 부사(구)가 있는 문장은 과거시제를, 미래를 나타내는 부사(구)가 있는 문장은 미래시제를 쓴다.

D

해석

① 나는 어제 열이 났다.
② 그녀는 내일 내 방을 칠할 것이다.
③ Shakespeare는 많은 희곡들을 썼다.
④ 나는 Henry를 2주 후에 볼 것이다.
⑤ 우리는 내일 아침 9시에 출발할 것이다.
⑥ 사과는 우리 건강에 좋다.
⑦ 그녀는 지금 책을 읽고 있는 중이다.
⑧ John Lennon은 1980년에 죽었다.

해설

과거를 나타내는 부사(구)가 있으면 과거시제를 쓰고, 미래를 나타내는 부사(구)가 있으면 미래시제를 쓴다.

정답과 해설

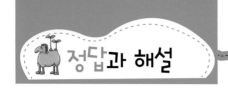

Chapter I 문장

Unit 01 문장

PRACTICE 1
본문 11쪽

1 ❶ I like to play soccer. ❷ What do you want to eat? ❸ Nice to meet you.
2 ❶ These apples are very sweet. ❷ My pet bird has big brown eyes. ❸ Three bears live in the house. ❹ Nimo, Blue Tang, and Dory are friends.

1

해석

❶ 나는 축구하는 것을 좋아한다.
❷ 너는 무엇을 먹고 싶니?
❸ 만나서 반가워.

해설

❶ I는 항상 대문자로 쓴다. 사실을 말하는 문장(문법 용어로는 평서문이라 함)의 마지막에는 마침표를 찍는다.
❷ 문장의 첫 글자는 대문자로 쓴다. 문장의 끝에는 문장부호를 쓰는데, 상대방에게 묻는 말에는 물음표를 쓴다.
❸ 문장의 첫 글자는 대문자로 쓴다. 따라서 nice는 Nice로 고쳐 써야 하고, 평서문이므로 물음표 대신에 마침표를 써야 한다.

중요 표현

- like to: ~하기를 좋아하다
- want to: ~하기를 원하다
- Nice to meet you: '만나서 반가워.'라는 뜻으로 처음 만난 사람에게 하는 인사말이다. 이에 대해 Nice to meet you, too.(나도 역시 만나서 반가워.)라고 답할 수 있다.

어휘

- soccer 축구
- eat 먹다
- meet 만나다
- what 무엇
- nice 좋은

2

해설

영어 문장은 크게 주(어)부와 술(어)부로 나뉘는데, 주어부는 '누가' 또는 '무엇이'에 해당하는 표현으로 문장에서 말하고 있는 내용의 주체가 된다.

중요 표현

- sweet: '단, 달콤한'이라는 뜻이다. 이렇게 맛을 나타내는 표현으로 sour(신), bitter(쓴), salty(짠) 등이 있다.
- live in: ~에 살다
  ㉠ I live in Seoul. 나는 서울에 산다.

어휘

- these 이(것)들의(this의 복수형)
- brown 갈색(의)
- live 살다
- pet 애완용, 애완동물
- three 셋, 세
- house 집

PRACTICE 2
본문 13쪽

1 ❶ My parents – 주어, watch – 동사, TV – 목적어
   ❷ My sister and I – 주어, are – 동사, students – 보어
   ❸ Shrek – 주어, loves – 동사, Fiona – 목적어
2 ❶ Pinocchio has a ⟨long⟩ 〔nose〕. ❷ He is drawing a ⟨red⟩ 〔ball〕. ❸ Anna has ⟨great⟩ 〔power〕. ❹ Mike is a ⟨young⟩ 〔pilot〕. ❺ Cindy became a ⟨popular⟩ 〔singer〕.

1

해석

❶ 나의 부모님은 TV를 보신다.
❷ 나의 누나와 나는 학생이다.
❸ Shrek은 Fiona를 사랑한다.

해설

❶ 문장의 주인이 되는 말이 주어인데, 이 문장에서는 My parents가 문장의 주인이다. 이 주인의 행동이나 상태를 나타내는 watch가 동사에 해당한다.
❷ My sister and I 전체가 주어임에 유의해야 한다. 주어나 목적어를 설명해 주는 말이 보어인데, 주어를 설명하면 주격보

어라고 말한다. 즉, 이 문장에서는 students가 주격보어에 해당한다.

❸ love의 대상이 Fiona이다. 동사의 대상이 되는 것이 목적어이고 보통 '~을/를'로 해석한다.

중요 표현
■ watch TV: TV를 보다[시청하다]

어휘
■ parents 부모님(부모 중 한 분을 지칭할 때는 parent라고 한다.)
■ sister 언니, 누나, 여동생

2

해석
❶ 피노키오는 긴 코를 가졌다.
❷ 그는 빨간 공을 그리고 있다.
❸ Anna는 큰[엄청난] 힘을 가지고 있다.
❹ Mike는 젊은 조종사이다.
❺ Cindy는 인기 있는 가수가 되었다.

해설
❶ Pinocchio has a long nose.
　　　　　　　　　수식어　꾸밈을 받는 말

❷ He is drawing a red ball.
　　　　　　　　수식어　꾸밈을 받는 말

❸ Anna has great power.
　　　　　수식어　꾸밈을 받는 말

❹ Mike is a young pilot.
　　　　　수식어　꾸밈을 받는 말

❺ Cindy became a popular singer.
　　　　　　　수식어　꾸밈을 받는 말

중요 표현
■ is drawing: 그리고 있다. 지금 하고 있는 일을 나타내는 표현이다.

어휘
■ draw 그리다
■ ball 공
■ great 큰, 엄청난
■ pilot 조종사, 비행사
■ singer 가수
■ red 빨간, 붉은
■ have 가지다
■ power 힘
■ popular 인기 있는

Grammar in Real Life
본문 14쪽

1 ❶❷ S
2 I am counting apples.
3 You have many apples.

해석
고양이: 하나, 둘, 셋……
강아지: 너는 무엇을 하고 있니?
고양이: 나는 사과를 세고 있어.
강아지: 너는 많은 사과를 가지고 있구나.
고양이: 나는 사과파이를 만들 거야. 도와줘!
강아지: 좋아.

중요 표현
■ What are you doing?: 상대방에게 지금 무엇을 하고 있는지 묻는 표현이다. What do you do?은 지금 하고 있는 일이 아닌 평소에 하는 일, 즉 직업을 묻는 표현으로 쓰인다.
■ I am counting apples.: 위의 질문이 '무엇을 세고 있니?'로 지금 하고 있는 것을 물었기 때문에 지금 하고 있는 것을 답하고 있다. am counting은 '세고 있다'라고 해석할 수 있다.

어휘
■ count 세다

1

해설
❷ 주어와 동사(술어)를 갖춘 문장이다.

2

해설
문장의 시작은 대문자로(i → I), 문장의 마지막에는 평서문이므로 마침표를 찍는다.

3

해설
〈주어 +동사(술어)+목적어〉의 순서로 배열한다.

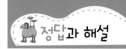

Unit 02 품사 1

PRACTICE 1

1 ❶ park ❷ Mario ❸ sister ❹ (1) cat (2) chair
2 dog, name, Dinky, balls, Mom, cake

1

해설

❶ 공원의 그림이다. 〈보기〉의 단어들 중 park(공원)가 적절한 명사이다.

❷ 달리고 있는 Mario의 그림이다. run(달리다)이라는 단어는 동사이므로 남자의 이름에 해당하는 Mario를 찾아 써야 한다.

❸ 울고 있는 여자아이의 그림이다. sad(슬픈)라는 단어도 그림과는 어울리나 형용사이므로 명사에 해당하는 sister(자매)를 써야 한다.

❹ 의자에 앉아 있는 고양이의 그림이다. sit(앉다)이라는 단어도 그림과는 연관이 있으나 동사이므로, (1) cat(고양이)와 (2) chair(의자)가 각각 그림과 어울리는 명사이다.

어휘

■ mouse 쥐
■ run 달리다
■ sad 슬픈
■ park 공원
■ sit 앉다
■ chair 의자

2

해석

나는 개를 한 마리 가지고 있다. 그의 이름은 Dinky이다. 그는 공을 좋아한다. 그는 공을 가지고 논다. Dinky를 봐라. 그는 매우 사랑스럽다. 엄마가 저쪽에 계신다. 그녀는 케이크를 만들고 계신다. 나는 그것을 매우 좋아한다.

해설

명사는 사람이나 동물, 사물의 이름을 말한다. 대명사(명사를 대신해서 받는 말)와 혼동하지 않도록 주의한다. 예를 들면, He likes balls.에서 He는 사람들이 부르기로 약속한 이름이 아니라, 앞에 나온 문장의 Dinky를 대신 받는 말이다. 이 경우 He는 대명사이다.

중요 표현

■ play with: ~을 가지고 놀다
■ look at: ~을 보다
■ over there: 저쪽에, 저기에서

어휘

■ lovely 사랑스러운
■ much 매우, 너무
■ make 만들다

PRACTICE 2

1 ❶ market ❷ They ❸ shout ❹ It
2 ❶ It, 대명사 ❷ wash, 동사 ❸ They, 대명사

1

해설

❶ '시장'에 해당하는 말은 market이고, 품사는 명사이다.

❷ '그들'에 해당하는 말은 they이고, 품사는 대명사이다.

❸ '외치다'라는 뜻을 가진 동사는 shout이다.

❹ 바로 앞 문장에서 떡볶이를 먹는다고 말했다. 떡볶이를 대신해서 쓰는 대명사로 it을 써야 한다.

중요 표현

■ go to: ~에 가다
■ There are ~: ~(들)이 있다
■ at the market: 시장에(서)

어휘

■ market 시장
■ people 사람들
■ eat 먹다
■ delicious 맛있는
■ shout 소리치다
■ buy 사다
■ *tteokbokki* 떡볶이

2

해설

❶ It은 my book을 대신 받는 말로 대명사이다.

❷ wash는 동사로 '닦다, 씻다'라는 뜻이다.

❸ They는 David와 Jessy를 대신 받는 말로 대명사이다.

중요 표현

■ very well: 아주 잘. very가 well을 꾸며 준다.

어휘

- wash 씻다
- together 함께
- funny 재미있는

Grammar in Real Life

본문 20쪽

1 ❶ eat, 동사 ❸ They, 대명사
2 I – 대명사, like – 동사, cheese burger – 명사
3 are, buy

해석

남: 나는 햄버거를 먹고 싶어.
여: 치즈버거, 아니면 베이컨 버거?
남: 나는 치즈버거가 좋아.
남: 봐! 저들은 너무 시끄럽게 말해.
남: 공원으로 가자.

중요 표현

- **want to:** ~하고 싶다
- **A or B:** A 또는 B, 선택의 뜻을 가지는 표현이다.
- **I like ~:** '나는 ~을 좋아한다'라는 뜻으로 I like a cheese burger. 처럼 뒤에 사물의 이름이 올 수도 있고, I like to play tennis. 또는 I like singing.처럼 다른 형태의 말들이 올 수도 있다.
- **Let's ~:** '~하자'라는 뜻으로 상대방에게 같이 하자고 제안할 때 쓰는 표현이다.

어휘

- cheese 치즈
- look 보다
- burger 버거

1

해설

❶ '먹다'라는 뜻의 동사는 eat이다.
❸ '그들'이라는 뜻의 대명사가 필요하다.

2

해설

I는 '나'를 가리키는 대명사이다. '좋아하다'라는 뜻의 like는 동사(술어)에 해당하고, cheese burger는 사물의 이름에 해당하므로 명사이다.

3

해석

Q: 그들은 어디에 있나요?
➡ 그들은 패스트푸드 식당에 있습니다. 그들은 버거를 구입합니다.

해설

두 빈칸 모두 동사가 필요한 자리이다. 첫 빈칸은 주어와 주어의 상태를 나타내는 말을 이어 주는 동사인 are가 들어가고, 두 번째 빈칸에는 '구입하다'라는 뜻의 buy가 들어간다.

중요 표현

- **Where are they?:** '그들은 어디에 있나요?'라는 뜻이다. 이 문장에서 where는 '어디에'라는 뜻이다.

어휘

- fast-food restaurant 패스트푸드 식당

Unit 03 품사 2

PRACTICE 1

본문 23쪽

1 ❶ hot ❷ high ❸ big ❹ small
2 ❶ hard, 부사 ❷ lovely, 형용사 ❸ slowly, 부사
　　❹ cold, 형용사 ❺ loudly, 부사

1

해설

❶ hot(뜨거운)이 desert(사막)를 꾸며 주어 어떠한 사막인지 설명해 준다.

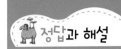

❷ high는 '높은'이라는 뜻의 형용사인데, speed(속도) 앞에 쓰여 high speed는 '고속, 빠른 속도'라는 뜻이 된다.

❸ big(큰)은 크기를 나타내는 형용사로 뒤에 오는 명사의 크기를 설명해 준다.

❹ small(작은)은 크기를 나타내는 형용사로 뒤에 오는 명사의 크기를 설명해 준다.

어휘
- **desert** 사막
- **speed** 속도, 속력
- **city** 도시

2

해석
❶ 나는 내일 시험이 있다. 나는 열심히 공부해야 한다.
❷ 나의 애완동물, Dodo는 사랑스러운 고양이이다.
❸ 나는 시간이 많아서 천천히 걷는다.
❹ 매우 덥다. 나는 차가운 음료를 원한다.
❺ 그 아기는 큰 소리로 운다.

해설
동사나 형용사의 의미를 더 자세하게 꾸며 주거나 의미를 더해 준다면 부사이다. 명사의 의미를 꾸며 주거나 더 자세하게 해 준다면 형용사이다.
❶ 동사 study를 꾸며 준다.
❷ lovely는 cat(고양이, 명사)의 뜻을 꾸며 준다.
❸ 동사 walk를 꾸며 준다.
❹ 명사 drinks를 꾸며 준다.
❺ 동사 cries를 꾸며 준다.

중요 표현
- **have a test:** 시험을 보다
- **need to ~:** ~해야 한다, ~할 필요가 있다

어휘
- **slowly** 천천히
- **loudly** 큰 소리로
- **hard** 열심히
- **cold** 차가운
- **lovely** 사랑스러운
- **test** 시험
- **study** 공부하다
- **walk** 걷다
- **drink** 마실 것, 음료

PRACTICE 2

본문 25쪽

1 ❶ under, 전치사 ❷ and, 접속사 ❸ by, 전치사
2 ❶ and ❷ to ❸ but ❹ in

1

해석
❶ 나무 아래에 벤치가 있다.
❷ Carol과 Jenny는 친구들이다.
❸ 나는 자전거를 타고 학교에 간다.

해설
❶ 전치사 under가 명사인 tree 앞에 쓰여 문장의 뜻을 더 분명하게 해 주고 있다.
❷ Carol과 Jenny, 두 단어를 이어 주는 것은 접속사이다.
❸ 전치사 by가 bike 앞에서 '~을 타고'라는 뜻을 더해 준다.

중요 표현
- **There is ~:** ~가 있다. **There is** 다음에 어떤 대상이 오면 '~가 있다'라고 해석한다.
  - 예 **There is a box.** 박스가 하나 있다.

어휘
- **bench** 벤치
- **tree** 나무
- **friend** 친구
- **bike** 자전거

2

해석
이것이 나의 고향이다. 우리는 극장, 도서관, 병원, 그리고 서점을 가지고 있다. 나는 도서관에 간다. 나는 책을 읽지만, 그곳에서 공부를 하지는 않는다. 우리 가족은 공원에서 산책을 한다.

해설
❶, ❸ and와 but은 단어나 문장을 이어 주는 접속사이다.
❷, ❹ to와 in은 명사 앞에서 문장의 뜻을 더 분명하게 해 주는 역할을 하는 전치사이다.

중요 표현
- **This is ~:** ~ 이것은 ~이다. 소개할 때 주로 사용하는 표현이다.
- **take a walk:** 산책하다

어휘

- hometown 고향
- library 도서관
- bookstore 서점
- park 공원
- theater 극장
- hospital 병원
- there 그곳에서

Grammar in Real Life

본문 26쪽

1 on
2 Put – 동사, fresh – 형용사, eggs – 명사, and – 접속사, into – 전치사
3 cheese, and, bacon, on

해석

1. 팬을 레인지[스토브] 위에 올리세요.
2. 레인지를 켜세요.
3. 신선한 계란들과 기름을 팬 속에 넣으세요.
4. 계란 위에 치즈와 베이컨을 올리세요.
5. 레인지를 끄세요.

중요 표현

- turn on ∼: ∼을 켜다
- turn off ∼: ∼을 끄다

어휘

- put 넣다. 놓다
- fresh 신선한
- oil 기름
- pan (손잡이가 달린 얇은) 냄비[팬]
- egg 계란
- into ∼안에

1

해설

전치사 on은 '∼위에'라는 뜻을 가진다. 명사 앞에 쓰여서 위치를 알려 주는 역할을 하는 전치사이다.

2

해설

put은 '넣다'라는 뜻의 동사이고, 이 동사의 대상이 되는 말인 eggs and oil이 목적어이다. 이때 eggs와 oil의 품사는 명사이고, 이 두 단어를 연결한 and는 접속사이다.

3

해설

'치즈와 베이컨'은 접속사 and를 사용하여 완성하고, '계란 위에'라는 뜻을 만들기 위해 전치사 on을 써 준다.

어휘

- bacon 베이컨
- add 첨가[추가]하다

Chapter II 명사

Unit 04 셀 수 있는 명사

PRACTICE 1

본문 31쪽

1 ① candy ② school ③ apple ④ snake
2 ① an, ⓔ ② an, ⓐ ③ a, ⓑ ④ an, ⓘ ⑤ a, ⓖ ⑥ a, ⓗ
⑦ a, ⓙ ⑧ a, ⓒ ⑨ a, ⓕ ⑩ an, ⓓ

1

해설

① candy의 a는 우리말 '애'와 비슷한 모음이고, y는 '이'와 비슷한 모음이다.
② school의 oo는 우리말 '우'와 비슷한 모음이다.
③ apple의 a는 우리말 '애'와 비슷한 모음이다. 끝에 있는 e는 소리가 나지 않는다.
④ snake의 a는 우리말 '에이'와 비슷한 모음이다. 끝에 있는 e는 소리가 나지 않는다.

어휘

- candy 사탕
- apple 사과
- school 학교
- snake 뱀

2

해석

① 달걀 한 개
② 얼음집 하나
③ 소녀 한 명
④ 비행기 한 대
⑤ 사자 한 마리
⑥ 의자 한 개
⑦ 요리사 한 명
⑧ 바구니 한 개
⑨ 시계 한 개
⑩ 지우개 한 개

해설

①, ②, ④, ⑩ 모음으로 시작하는 명사이므로 an과 함께 쓴다.
③, ⑤~⑨ 자음으로 시작하는 명사이므로 a와 함께 쓴다.

어휘

- egg 달걀
- igloo 얼음집
- airplane 비행기
- lion 사자
- cook 요리사
- basket 바구니
- clock 시계
- eraser 지우개

PRACTICE 2 본문 33쪽

1 ① bananas ② cherries ③ trees ④ dresses ⑤ cellos ⑥ dishes
2 ① three children ② five fish ③ four feet ④ four glasses ⑤ an ox

1

해설

① 바나나 세 개이므로 복수형으로 써야 한다. banana는 규칙 변화하는 명사이다.
② 체리 다섯 개이므로 복수형으로 써야 한다. cherry는 〈자음+y〉로 끝나는 명사이므로 y를 i로 고친 후 -es를 붙인다.
③ 나무 세 그루이므로 복수형으로 써야 한다. tree는 규칙 변화하는 명사이다.
④ 드레스 두 벌이므로 복수형으로 써야 한다. dress는 -s로 끝나는 명사이므로 복수형은 -es를 붙인다.
⑤ 첼로 두 대이므로 복수형으로 써야 한다. cello는 -o로 끝나는 명사이지만 -s만 붙인다.
⑥ 접시 다섯 개이므로 복수형으로 써야 한다. dish는 -sh로 끝나는 명사이므로 -es를 붙인다.

어휘

- dish 접시
- dress 원피스
- cello 첼로
- cherry 체리

2

해설

① 어린이 세 명이므로 three children이 알맞다. child의 복수형은 children이다.
② 물고기 다섯 마리이므로 five fish가 알맞다. fish는 단수형과 복수형이 같다.
③ 발 네 개이므로 four feet이 알맞다. foot의 복수형은 feet이다.
④ 유리잔 네 개이므로 four glasses가 알맞다. glass는 -s로 끝나는 명사이므로 복수형은 -es를 붙인다.

어휘

- foot 발(복수형 feet)
- child 어린이(복수형 children)
- glass 유리잔(복수형 glasses)
- fish 물고기(복수형 fish)
- ox 황소(복수형 oxen)

Grammar in Real Life 본문 34쪽

1 five apples
2 Do you want an apple
3 A, witch, two, dwarves, people

해석

백설공주: 당신은 무엇을 가지고 있나요?
마녀: 나는 사과 다섯 개를 가지고 있단다.
마녀: 너는 사과 한 개를 원하니?
백설공주: 네, 고마워요.
난장이1: 오, 안 돼!
난장이2: 멈춰!

어휘

- what 무엇
- have 가지고 있다

1

해설

I have ~는 '나는 ~을 가지고 있다'라는 뜻이므로 우리말의 '사

과 다섯 개'에 해당하는 영어 표현이 필요하다. 복수명사를 써서 five apples로 나타낸다.

중요 표현

■ I have ~: 나는 ~을 가지고 있다

2

해설

'~을 원하니?'는 Do you want ~?로 표현한다. '사과 한 개'는 단수명사를 써서 나타내는데, apple은 모음으로 시작하는 명사이므로 an apple로 써야 한다. 따라서 불필요한 단어는 a이다.

중요 표현

■ Do you want ~?: '너는 ~을 원하니?'라는 뜻으로 명사와 함께 쓸 수 있다.

3

해석

한 공주가 숲에 있다. 그녀는 백설공주이다. 한 마녀가 그녀의 옆에 서 있다. 그 마녀는 나쁜 사람이다. 두 명의 난쟁이가 나무 뒤에 있다. 그들은 좋은 사람들이다. 그들은 백설공주를 돕고 싶어 한다.

해설

그림에 등장하는 인물을 나타내는 명사가 들어갈 자리이다. 첫 두 빈칸에는 한 명의 마녀이므로 A witch가 알맞다. 그다음 빈칸에는 나무 뒤에 두 명의 난쟁이가 있으므로 복수명사를 사용한 two dwarves가 알맞다. 마지막 빈칸에는 두 난쟁이를 '좋은 사람들'이라고 나타낼 수 있도록 good 뒤에 people을 쓴다.

중요 표현

■ There is ~: '~이 있다'라는 뜻으로 there is 뒤에는 단수명사가 쓰인다.
■ next to: ~의 옆에
■ want to : '~하기를 원하다'의 뜻으로 to 뒤에는 동사를 쓴다.

어휘

■ people 사람들
■ dwarf 난쟁이
■ forest 숲
■ behind ~의 뒤에
■ witch 마녀
■ princess 공주
■ stand 서다
■ help 돕다

Unit 05 셀 수 없는 명사

PRACTICE 1 본문 37쪽

1 셀 수 있는 명사[로켓 메모]: onion, hamburger, car
셀 수 없는 명사[치즈 메모]: Mt. Everest, honey, Harry Potter, meat, fruit juice, love, friendship
2 ❶ ⓒ ❷ ⓑ ❸ ⓐ ❹ ⓕ ❺ ⓔ ❻ ⓓ

1

해설

onion, hamburger, car는 한 개, 두 개라고 셀 수 있는 보통명사이다. 고유명사인 Mt. Everest, Harry Potter나 추상명사인 love, friendship은 셀 수 없는 명사이다. 또한 honey, meat, fruit juice와 같이 형태가 일정하지 않은 물질명사도 셀 수 없다.

어휘

■ Mt. Everest 에베레스트 산
■ honey 꿀
■ fruit juice 과일 주스
■ car 자동차
■ onion 양파
■ meat 고기
■ love 사랑
■ friendship 우정

2

해석

❶ 신문 한 부
❷ 종이 한 장
❸ 케이크 한 판
❹ 케이크 한 조각
❺ 피자 한 판
❻ 피자 한 조각

해설

❶, ❸, ❺ a paper, a cake, a pizza와 같이 물질명사에 a를 붙여 쓰는 특별한 경우가 있는데, 이때는 '신문 한 부', '케이크 한 판', '피자 한 판' 등으로 뜻이 달라진다.
❷, ❹, ❻ 일반적으로 물질명사인 paper, cake, pizza는 수량을 표현하려면 a piece of와 함께 쓴다.

중요 표현

■ a piece of: '한 장의, 한 조각의'라는 의미로 물질명사와 함께 써서 그 수량을 표현한다.
  예) a piece of cheese 치즈 한 조각

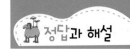

서 two loaves of bread로 쓴다.

❹ 고기의 무게가 2kg이라고 되어 있으므로 무게의 단위인 kilo
를 복수형으로 써서 two kilos of meat로 쓴다.

어휘

- **bar** 막대 모양의 바
- **loaf** 덩어리
- **sheet** 종이 한 장, 얇은 천으로 된 시트
- **slice** (음식을 얇게 썬) 조각
- **bread** 빵
- **kilo** 킬로(= kilogram)

PRACTICE 2

본문 39쪽

1 ❶ glasses ❷ a, cup, of ❸ a, carton, of ❹ two,
bottles, of

2 ❶ a bar of ❷ a slice of ❸ two loaves of
❹ two kilos of

1

해석

〈보기〉 시리얼 한 그릇
❶ 오렌지 주스 두 잔
❷ 코코아 한 잔
❸ 사과 주스 한 팩
❹ 물 두 병

해설

❶ 오렌지 주스 두 잔이므로 유리잔을 뜻하는 glass를 복수형
으로 사용하여 two glasses of orange juice로 쓴다.
❷ 코코아 한 잔이므로 찻잔을 뜻하는 cup을 사용하여 a cup
of hot chocolate로 쓴다.
❸ 사과 주스 한 팩이므로 종이팩을 뜻하는 carton을 사용하여
a carton of apple juice로 쓴다.
❹ 물 두 병이므로 병을 뜻하는 bottle을 복수형으로 사용하여
two bottles of water로 쓴다.

어휘

- **bottle** 병
- **glass** 유리잔
- **cup** 찻잔
- **bowl** 그릇
- **carton** 종이팩
- **hot chocolate** 코코아
- **water** 물

2

해설

❶ 초콜릿이 한 개의 바 모양이므로 a bar of chocolate가 알맞
다. a loaf of는 '한 덩어리의'라는 뜻으로 주로 빵에 쓰는 단
위이다.
❷ 피자가 한 조각이므로 a slice of pizza가 알맞다. a sheet of
는 '한 장의'라는 뜻으로 paper와 함께 쓰는 단위이다.
❸ 빵이 두 개의 덩어리 형태로 loaf의 복수형인 loaves를 써

Grammar in Real Life

본문 40쪽

1 a bowl of cereal
2 We need a slice of cheese and two pieces[slices]
of bread.
3 They are going to make an easy breakfast.

해석

요리사: 우리는 쉬운 아침 식사를 만들 거예요.

학생: 좋아요. 우리에게 무엇이 필요한가요?

요리사: 우리에게 우유 한 팩과 시리얼 한 그릇이 필요합니다.

중요 표현

- **be going to**+동사원형: '~할 예정이다'라는 뜻으로 아주 가까운 미
래의 예정된 일을 나타낸다.

어휘

- **easy** 쉬운
- **breakfast** 아침 식사
- **need** 필요로 하다

1

해설

요리 재료를 설명하는 상황이다. 시리얼은 그릇에 담겨 있으므
로 bowl을 이용하여 a bowl of cereal로 표현한다.

2

해설

그림은 치즈 한 장과 식빵 두 조각이므로 치즈 한 장은 a slice
of cheese로 표현하고, 식빵 두 조각은 piece나 slice를 사용
하여 two pieces of bread나 two slices of bread로 표현한다.

3

해석

요리사와 소년들은 오늘 무엇을 할 예정인가요?

해설

요리사가 맨 먼저 했던 말 We are going to make an easy breakfast today.에서 답을 찾을 수 있다. 질문에서 주어가 the cook and the boys이므로 대답을 쓸 때는 인칭대명사 They로 바꿔서 They are going to make an easy breakfast.라고 쓴다.

어휘

■ cook 요리사

Unit 06 There is / are

PRACTICE 1   본문 43쪽

1 ❶ Many ❷ much ❸ some ❹ any
2 ❶ is, an, apple ❷ is, some, meat ❸ is, a, knife
   ❹ there, is, a, spoon ❺ there, is, some, sugar

1

해석

❶ 많은 어린이들이 아이스크림을 좋아한다.
❷ 그는 시간이 많지 않다.
❸ 내 도서관에는 약간의 책이 있다.
❹ 우리는 우유가 없다.

해설

❶ children은 child의 복수형으로, 셀 수 있는 명사이므로 Many가 알맞다.
❷ time은 셀 수 없는 명사이므로 much가 알맞다.
❸ books는 복수명사이고, 긍정문이므로 some이 알맞다.
❹ milk는 셀 수 없는 명사이고, 부정문이므로 any가 알맞다.

어휘

■ library 도서관

2

해석

부엌 탁자 위에는,
❶ 사과 한 개가 있다.
❷ 약간의 고기가 있다.
❸ 칼 한 개가 있다.
❹ 숟가락 한 개가 있다.
❺ 약간의 설탕이 있다.

해설

❶ apple은 셀 수 있는 명사이고 단수이므로 an을 써 준다. apple은 모음으로 시작하는 단어이므로 an을 써야 한다.
❷, ❺ meat와 sugar는 셀 수 없는 물질명사이므로 some과 함께 쓴다.
❸, ❹ knife와 spoon은 셀 수 있는 명사이고 단수이므로 a 와 함께 쓴다.

어휘

■ on ~위에   ■ kitchen 부엌

PRACTICE 2   본문 45쪽

1 ❶ a police station ❷ are two libraries ❸ are three bakeries ❹ there are four restaurants
2 ❶ There is a (black) cat in the basket. ❷ There is a (yellow) cat on the chair. ❸ There are two (white) cats under the table. ❹ There is a (gray) cat in the shirt.

정답과 해설

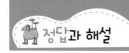

1

해석

우리 동네에는 수영장이 하나 있다. 경찰서가 하나 있다. 도서관이 두 개 있다. 빵집이 세 개 있다. 식당이 네 개 있다.

해설

도서관, 빵집, 식당은 각각 2, 3, 4개로 모두 복수형으로 써야 하므로 there are로 시작하는 문장으로 쓴다.

❶ 경찰서는 하나이므로 a를 붙여서 쓴다.

❷ library는 〈자음+y〉로 끝나는 명사이므로 y를 i로 고친 복수명사를 써서 there are two libraries로 쓴다.

❸ bakery도 〈자음+y〉로 끝나는 명사이므로 there are three bakeries로 쓴다.

❹ restaurant는 규칙 변화하므로 there are four restaurants로 표현하면 된다.

어휘

- **neighborhood** 동네, 이웃 - **swimming pool** 수영장
- **police station** 경찰서

2

해석

〈보기〉 탁자 위에 공이 하나 있다.

해설

❶ (검은) 고양이가 바구니 속에 있는 모습이므로 There is a (black) cat in the basket.으로 쓴다.

❷ (노란) 고양이가 의자 위에 있는 모습이므로 There is a (yellow) cat on the chair.로 쓴다.

❸ (흰) 고양이 두 마리가 탁자 아래에 있는 모습이므로 There are two (white) cats under the table.로 쓴다.

❹ (회색) 고양이 한 마리가 셔츠 속에 있는 모습이므로 There is a (gray) cat in the shirt.로 쓴다.

중요 표현

- **on the table:** on은 '~위에'를 뜻하는 말로 장소를 나타내는 말과 함께 쓰인다.

어휘

- **ball** 공

Grammar in Real Life   본문 46쪽

1 ❶ There is a pillow on the table.
  ❷ There are (three) dresses on the bed.
2 ❶ There are three dolls in the room.
  ❷ There is one[a] basketball under the table.
3 there, is, a, backpack[bag], There, are, five, books, in, the, basket

1

해석

❶ 탁자 아래에 베개 한 개가 있다.

❷ 침대 위에 드레스 한 벌이 있다.

해설

❶ 베개는 탁자 아래가 아니라 위에 있으므로 under the table을 on the table로 고쳐 쓴다.

❷ 침대 위에 드레스 한 벌이 아니라 세 벌이 있으므로 a dress를 three dresses로 고쳐 쓰고, 복수명사와 함께 쓰이는 There are로 시작한다.

중요 표현

- **under the table:** under는 '~의 아래에'라는 뜻으로 장소 명사와 함께 쓰여 사물의 위치를 나타내는 말이다.

어휘

- **pillow** 베개 - **dress** 드레스
- **bed** 침대

2

해석

❶ 방 안에는 몇 개의 인형이 있나요?

❷ 탁자 아래에는 몇 개의 농구공이 있나요?

해설

❶ 방안에 있는 인형은 세 개이므로 There are three dolls in the room.으로 쓴다.

❷ 방안에 있는 농구공은 두 개지만, 질문에서 요구한 것은 탁자 아래에 있는 공의 개수이므로 There is one[a] basketball under the table.로 답해야 한다.

어휘
- doll 인형
- basketball 농구공
- room 방

3

해석
Jenny의 방 안에는 벽에 가족사진 한 장이 있다. 침대 한 개, 선반 한 개, 바구니 한 개도 있다. 침대 아래에는 배낭[가방]이 한 개 있다. 선반 위에는 책이 다섯 권 있다. 바구니 안에는 만화책이 많이 있다.

해설
첫 빈칸 바로 다음에 a family photo가 이어지므로 There is로 시작하는 문장이 되어야 한다. 선반 위에는 책이 5권 있으므로 There are를 이용해서 문장을 완성한다. 만화책은 바구니 속에 있으므로 in을 이용하여 문장을 완성한다.

어휘
- bedroom 침실
- wall 벽
- basket 바구니
- family photo 가족사진
- shelf 선반
- comic book 만화책

Unit 07 인칭대명사

> **PRACTICE 1** 본문 49쪽
>
> 1 ❶ I ❷ you ❸ he ❹ she ❺ it ❻ you ❼ we ❽ they
> 2 주격 – she, it, I, you, he, we, they
>   목적격 – me, them, us, her, him, you, it

1

해설
말하는 사람을 기준으로
❶ 자기 자신은 I를 쓴다.
❷ 듣는 상대방은 you를 쓴다.
❸ 제3자인 남성은 he를 쓴다.
❹ 제3자인 여성은 she를 쓴다.
❺ 제3자인 사물이나 동물은 it을 쓴다.
❻ 듣는 상대방을 포함하여 여럿은 you를 쓴다.
❼ 말하는 사람을 포함하여 여럿은 we를 쓴다.
❽ 제3자인 남성, 여성 혹은 사물이나 동물 여럿은 they를 쓴다.

2

해설
❶ 주격은 단수형인 I, you, he, she, it과 복수형인 we, you, they가 있다.
❷ 목적격은 단수형인 me, you, him, her, it과 복수형인 us, you, them이 있다.

> **PRACTICE 2** 본문 51쪽
>
> 1 ❶ Their ❷ her ❸ his ❹ your ❺ my
> 2 ❶ mine ❷ theirs ❸ yours ❹ his ❺ hers ❻ ours

1

해석
❶ 그들은 쌍둥이다. 그들의 이름은 Tom과 Jake이다.
❷ Ann은 그녀의 양손을 씻고 있다. 그것들은 매우 더럽다.
❸ 나의 아버지는 작가이시다. 이것은 그의 컴퓨터이다.
❹ 당신의 전화번호를 받을 수 있나요?
❺ 저는 12살입니다. 오늘은 제 생일입니다.

해설
빈칸에 들어갈 말은 모두 인칭대명사의 소유격에 해당한다. 그림 상황에 맞게 인칭대명사의 소유격을 써야 한다.
❶ 앞 문장의 주어인 they의 이름이므로 소유격 Their가 알맞다.
❷ 앞 문장의 주어인 Ann의 손이므로 소유격 her가 알맞다.

❸ 앞 문장의 주어인 My father의 컴퓨터이므로 소유격 his가 알맞다.

❹ 듣는 사람의 전화번호가 되어야 하므로 소유격 your가 알맞다.

❺ 내 생일이므로 소유격 my가 알맞다.

중요 표현

■ is washing: '씻고 있는 중이다'를 뜻하는 현재진행형이다. 〈be동사의 현재형+동사원형-ing〉의 구조에 여러 동사를 이용하여 현재진행형을 만들 수 있다.

어휘

■ twin 쌍둥이 중 한 명   ■ name 이름
■ wash 씻다   ■ dirty 더러운
■ writer 작가   ■ birthday 생일

2

해석

❶ 나의 책   ❷ 그들의 자동차
❸ 너의 자전거   ❹ 그의 모자
❺ 그녀의 배낭   ❻ 우리들의 집

해설

〈소유격+명사〉는 소유대명사로 표현할 수 있다.

❶ my book → mine
❷ their car → theirs
❸ your bicycle → yours
❹ his cap → his
❺ her backpack → hers
❻ our house → ours

어휘

■ bicycle 자전거   ■ cap 야구 모자
■ backpack 배낭

Grammar in Real Life

본문 52쪽

1 I, Her, name, her
2 ❶ Me, My ❷ Them, They ❸ I, me ❹ theirs, them
3 My, His, him, he, We

해석

B 내 이름은 Mike야.
   나는 두 마리의 귀여운 개를 키우고 있어.
   그들은 나를 무척 좋아해.
   나도 그들을 사랑해.

어휘

■ cute 귀여운   ■ dog 개
■ a lot 많이

1

해설

첫 빈칸은 주어가 들어갈 자리이므로 주격인 I가 알맞다. 두 번째 빈칸에는 친구의 이름을 소개하는 부분이고, 친구가 여성이므로 Her name이 알맞다. 마지막 빈칸에는 '그녀를'이라는 뜻을 가진 목적격 her가 알맞다.

어휘

■ good 친한, 좋은   ■ friend 친구
■ very much 매우 많이

2

해설

❶ '나의 이름'을 표현하려면 Me를 My로 써야 한다.
❷, ❸ '그들이 나를 무척 좋아한다.'는 문장을 표현해야 하므로 Them은 주격인 They로, I는 목적격인 me로 고친다.
❹ '나는 그들을 사랑한다.'를 표현하려면 theirs는 목적격인 them으로 고친다.

3

해석

내 이름은 Tom이다. 나에겐 훌륭한 아빠가 계신다. 그의 이름은 Peter Brown이다. 나는 그를 사랑하고, 그도 역시 나를 사랑하신다. 우리는 함께 낚시를 간다.

해설

첫 빈칸에는 '나의'라는 뜻의 소유격 My가 와야 한다. 아빠의 이름이므로 소유격 His가 알맞다. 아빠는 내가 사랑하는 대상이므로 인칭대명사 목적격으로 바꾸면 him이 된다. 동사 loves 앞에 주어가 와야 하는데 내용상 아빠가 주어이므로 인칭대명

사 주격 he가 알맞다. 마지막 빈칸에는 '함께'라고 언급한 것으로 보아 아빠와 나를 둘 다 가리키는 인칭대명사 주격 We가 와야 한다.

③ 가까이 있는 친구들을 가리키므로 These are가 알맞다.
④ 멀리 있는 여러 개의 풍선들을 가리키므로 Those are가 알맞다.

PRACTICE 2   본문 57쪽

1 ❶ It is a mouse. ❷ They are (three) buckets.
❸ They are (three) pandas. ❹ He is Harry Potter.
2 ❶ this, It ❷ those, They ❸ that, it ❹ These, They

Unit 08 지시대명사

PRACTICE 1   본문 55쪽

1 this – ⓐ, ⓒ, ⓔ   that – ⓑ, ⓓ, ⓕ, ⓖ
2 ❶ This, is ❷ That, is ❸ These, are ❹ Those, are

1

해설

말하는 사람을 기준으로 ⓐ 코끼리, ⓒ 자전거, ⓔ 버스가 가까이 있으므로 this와 연결한다. ⓑ 자동차, ⓓ 사자, ⓕ 기린, ⓖ 컴퓨터는 멀리 있으므로 that과 연결한다.

2

해석

❶ 이것은 나비이다.
❷ 저것은 나의 집이다.
❸ 이 사람들은 내 친구들이다.
❹ 저것들은 색깔이 화려한 풍선들이다.

해설

❶ 가까이 있는 한 마리의 나비를 가리키므로 This is가 알맞다.
❷ 멀리 떨어진 집 한 채를 가리키므로 That is가 알맞다.

1

해석

❶ Q: 이것은 무엇입니까?
  A: 그것은 쥐입니다.
❷ Q: 이것들은 무엇입니까?
  A: 그것들은 양동이입니다.
❸ Q: 저것들은 무엇입니까?
  A: 그것들은 판다입니다.
❹ Q: 저 사람은 누구입니까?
  A: 그는 Harry Potter입니다.

해설

가리키는 대상이 사물인 경우 지시대명사 this, that은 인칭대명사 it으로 받는다. 사람인 경우에는 성별에 따라 he, she로 받는다. 지시대명사 these, those는 인칭대명사 they로 받는다.
❶ 가리키는 대상이 단수의 생쥐이므로 It을 이용해 답한다.
❷ 가리키는 대상이 복수의 양동이이므로 They를 이용한다.
❸ 가리키는 대상이 복수의 판다곰이므로 They를 이용한다.
❹ 가리키는 대상이 단수의 남자이므로 He를 이용한다.

중요 표현

- What is[are] ~?: ~은 무엇입니까?
- Who is[are] ~?: ~은 누구입니까?

정답과 해설

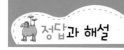

2

해석

❶ 이 거미를 봅시다. 그것은 여덟 개의 다리를 가지고 있어요.

❷ 저 사람들을 보세요. 그들은 아름답게 춤추고 있어요.

❸ 저 독수리는 무엇을 움켜쥐고 있나요? 그것은 물고기를 쥐고 있나요?

❹ 이 토마토들은 초록색이에요. 그것들은 맛있어 보이지 않아요.

해설

❶ 가까이에 있는 단수의 거미를 가리키므로 지시형용사 this를 사용하며, 인칭대명사 It으로 받는다.

❷ 멀리 있는 복수의 사람들을 가리키므로 지시형용사 those를 사용하며, 인칭대명사 They로 받는다.

❸ 멀리 있는 단수의 독수리를 가리키므로 지시형용사 that을 사용하며, 인칭대명사 it으로 받는다.

❹ 가까이에 있는 복수의 토마토를 가리키므로 지시형용사 These를 사용하며, 인칭대명사 They로 받는다.

중요 표현

■ look at: ~을 보다

어휘

■ spider 거미
■ dance 춤추다
■ eagle 독수리
■ green 녹색의
■ leg 다리
■ beautifully 아름답게
■ hold 붙잡다
■ delicious 맛있는

Grammar in Real Life

본문 58쪽

1 ❶ This ❷ These
2 ❸ That is a crocodile. ❹ Those are crocodiles.
3 ❶ Tom and Huck ❷ Two crocodiles

1

해석

❶ 이것은 커다란 알이야.

❷ 이것들은 악어 알들이야.

해설

❶ 가까이에 있는 한 개의 알을 가리키므로 지시대명사 This가 알맞다.

❷ 가까이에 있는 여러 개의 알을 가리키므로 지시대명사 These가 알맞다.

어휘

■ big 커다란
■ egg 알
■ crocodile 악어

2

해석

❸ 봐! 저것은 악어야.

❹ 저것들은 악어들이야. 그것들은 무서워 보여.

해설

❸ 멀리 있는 한 마리의 악어를 가리키므로 지시대명사 That이 알맞다.

❹ 멀리 있는 두 마리의 악어를 가리키므로 지시대명사 Those가 알맞다.

중요 표현

■ look scary: '무서워 보이다'라는 뜻을 갖는 구문이다. look 뒤에 다른 형용사를 넣어 '~해 보이다'라는 표현을 만들 수 있다.

3

해석

Tom과 Huck는 습지에 있다. 그들은 덤불 속에서 몇 개의 커다란 알들을 본다. 그것들은 악어 알들이다. 그 두 소년들은 두 마리의 악어들도 본다. 그것들은 무서워 보인다.

해설

❶ 앞 문장의 주어인 Tom과 Huck을 가리키는 인칭대명사이다.

❷ 앞 문장의 목적어인 두 마리의 악어를 가리키는 인칭대명사이다.

어휘

■ wetland 습지
■ also 또한, 역시
■ scary 무서운
■ bush 덤불
■ look ~하게 보이다

Chapter III be동사

Unit 09 be동사 평서문

PRACTICE 1
본문 63쪽

1 ① I am ② you are ③ she is ④ he is ⑤ it is ⑥ we are ⑦ you are ⑧ they are ⑨ they are ⑩ they are
2 ① am ② are ③ is ④ are ⑤ are

1

해석

〈보기〉 나는 ~이다　　너는 ~이다
　　　　그는 ~이다　　그것은 ~이다
　　　　그녀는 ~이다　　우리는 ~이다
　　　　그들은 ~이다

해설

❶ 나를 칭하는 것은 1인칭 I이므로 I am이다.
❷ 상대방을 칭하는 것은 2인칭 you이므로 you are이다.
❸ 제3자를 칭하는 것은 3인칭으로 여자 한 명이므로 she is이다.
❹ 제3자를 칭하는 것은 3인칭으로 남자 한 명이므로 he is이다.
❺ 제3자를 칭하는 것은 3인칭으로 사물 하나이므로 it is 이다.
❻ 나를 포함한 여럿은 1인칭 복수 we로 칭하므로 we are이다.
❼ 여럿인 상대방을 지칭할 때도 한 명인 상대방을 지칭할 때와 똑같이 2인칭 you이므로 you are이다.
❽, ❾ 여럿인 제3자를 칭할 때는 they를 사용하므로 they are 이다.
❿ 제3자를 칭하는 것은 3인칭으로 사물이 두 개이므로 they are이다.

2

해석

❶ 나는 쾌활하다.
❷ 너는 멋있다!
❸ 그것은 매우 작다.
❹ 우리는 교실에 있다.
❺ 그와 Peter는 형제간이다.

해설

❶ I와 함께 쓰이는 be동사는 am이다.
❷ You와 함께 쓰이는 be동사는 are이다.
❸ It과 함께 쓰이는 be동사는 is이다.
❹ We와 함께 쓰이는 be동사는 are이다.
❺ 제3자를 칭하는 주어가 복수이므로, 복수 주어와 함께 쓰이는 be동사 are가 와야 한다.

어휘

■ cheerful 쾌활한, 명랑한　　■ great 멋있는, 멋진

PRACTICE 2
본문 65쪽

1 ① is ② are ③ is ④ are ⑤ is ⑥ are
2 ① is ② is ③ is ④ are

1

해석

❶ 이것은 로봇이다.
❷ 저것들은 연필들이다.
❸ 저 사람은 나의 형제이다.
❹ 이것들은 꽃들이다.
❺ 저것은 강아지이다.
❻ 이 사람들은 내 친구들이다.

해설

❶ 가까이 있는 단수명사를 가리킬 때는 this로 칭하고, 단수와 함께 쓰이는 be동사는 is이다.
❷ 멀리 있는 복수명사를 가리킬 때는 those로 칭하고, 복수와 함께 쓰이는 be동사는 are이다.
❸, ❺ 멀리 있는 단수명사를 가리킬 때는 that으로 칭하고, 단수와 함께 쓰이는 be동사는 is이다.
❹, ❻ 가까이 있는 복수명사를 가리킬 때는 these로 칭하고, 복수와 함께 쓰이는 be동사는 are이다.

어휘

■ puppy 강아지　　■ friend 친구

2

해석

안녕, 친구들. 나는 Chris야. 이것은 내가 제일 좋아하는 사진이

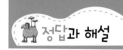

야. 이 소년은 내 남동생이야. 그의 이름은 Adam이란다. 그의 취미는 수영과 춤추기란다.

해설

❶ 지시대명사 this와 함께 쓰이는 be동사는 is이다.
❷ 주어가 This boy로 단수이므로 be동사는 is를 쓴다.
❸ 주어가 His name으로 단수이므로 be동사는 is를 쓴다.
❹ 주어가 His hobbies로 복수이므로 be동사는 are를 쓴다.

어휘

- **favorite** 가장 좋아하는
- **picture** 사진
- **hobby** 취미
- **swim** 수영하다

Grammar in Real Life

본문 66쪽

1 ❶ am ❷ is ❸ are ❹ are ❺ am ❻ am
2 ❶ EJ and Elaine are in the same class.
　　❷ They are happy to see each other.
3 ❶ F ❷ T

해석

남: 안녕, 나는 전학 온 학생이야. 내 이름은 EJ이야. 우리는 같은 반이지, 맞지?
여: 맞아. 나는 Elaine이야. 여기서 너를 만나서 반가워.

중요 표현

- **in the same class:** '같은 반'이라는 뜻이다. same을 쓸 때는 반드시 the와 함께 써야 한다.

어휘

- **student** 학생
- **the same** 같은
- **right** 맞은, 옳은
- **here** 여기에서

1

해설

❶ I와 함께 쓰이는 be동사는 am이다.
❷ My name은 3인칭 단수이므로 be동사는 is이다.
❸ We는 1인칭 복수이므로 be동사는 are이다.
❹ You와 함께 쓰이는 be동사는 are이다.
❺, ❻ I와 함께 쓰이는 be동사는 am이다.

2

해설

❶ 문장은 〈주어+동사 ~〉로 구성되므로 주어인 EJ and Elaine을 먼저 쓰고, 그다음 동사 are를 쓴다.
❷ 주어인 they, 동사인 are를 쓰고 난 후 형용사 happy를 쓴다.

중요 표현

- **each other:** '(둘 사이에서, 또는 셋 이상 사이에서) 서로'라는 뜻으로 **one another**와 바꿔 쓸 수 있다.

3

해석

❶ Elaine은 전학 온 학생이다.
❷ EJ와 Elaine은 학급 친구이다.

해설

❶ EJ가 전학 온 학생이다.
❷ 본문에 EJ가 We are in the same class, right?이라고 질문했을 때, Elaine이 You are right.이라고 했으므로 두 사람은 학급 친구이다.

Unit 10 be동사 부정문

PRACTICE 1

본문 69쪽

1 ❶ is, not ❷ are, not ❸ is, not ❹ are, not ❺ is, not
2 ❶ We, are, not ❷ You, are, not ❸ Sandy, is, not
　　❹ They, are, not

1

해석

〈보기〉 나는 약하다. 나는 강하지 않다.
❶ 그는 왕이다. 그는 여왕이 아니다.
❷ 너는 학교에 있다. 너는 집에 있지 않다.
❸ 이것은 작다. 그것은 크지 않다.
❹ 우리는 행복하다. 우리는 슬프지 않다.
❺ 이 소년은 민이다. 그는 욱이 아니다.

해설

❶ 주어가 He이므로 is not이 들어가야 한다.
❷ 주어가 You이므로 are not이 들어가야 한다.
❸ 주어가 This이므로 is not이 들어가야 한다.
❹ 주어가 We이므로 are not이 들어가야 한다.
❺ 주어가 This boy이므로 is not이 들어가야 한다.

어휘

■ king 왕　　　　■ queen 여왕
■ small 작은　　　■ sad 슬픈

2

해설

❶ '우리'는 we로 3인칭 복수이므로 be동사의 부정은 are not 이다.
❷ '너'는 you로 2인칭이므로 be동사의 부정은 are not이다.
❸ Sandy는 3인칭 단수이므로 be동사의 부정은 is not이다.
❹ '그들'은 they로 3인칭 복수이므로 be동사의 부정은 are not 이다.

어휘

■ angry 화난　　　■ foolish 어리석은
■ living room 거실　■ cousin 사촌

PRACTICE 2
본문 71쪽

1 ❶ isn't ❷ aren't ❸ isn't ❹ isn't
2 ❶ isn't ❷ I'm not ❸ aren't

1

해석

❶ 내 이름은 James가 아니다.

❷ 그들은 슬프지 않다.
❸ 그는 Sue의 남동생이 아니다.
❹ 그는 러시아 출신이 아니다.

해설

그림의 내용으로 보아 be동사의 부정의 형태가 들어가야 한다.
❶ 주어가 My name으로 단수이므로 be동사의 부정은 isn't 이다.
❷ 주어가 They로 복수이므로 be동사의 부정은 aren't이다.
❸, ❹ 주어가 He로 단수이므로 be동사의 부정은 isn't이다.

중요 표현

■ be from: ～출신이다

어휘

■ name 이름　　　■ younger brother 남동생

2

해설

❶ '～(지) 않다'라는 뜻을 가지며, 3인칭 this water와 함께 쓰이는 be동사의 부정형은 isn't[is not]이다.
❷ '～아니다'라는 뜻을 가지며, '나는(I)'이라는 주어와 함께 쓰이는 be동사의 부정형은 I'm not이다.
❸ '있지 않다'라는 뜻을 가지며, 복수 주어와 함께 쓰이는 be동사의 부정형은 aren't[are not]이다.

Grammar in Real Life
본문 72쪽

1 ❶ isn't ❷ isn't ❸ aren't
2 ❶ green ❷ slow ❸ small ❹ thick
3 Its eyes are big, its nose isn't big

해설

A 이 거북이는 갈색이 아니야. 그것은 초록색이야.
B 그것은 매우 느려요. 그것은 전혀 빠르지 않아요.
C 그것의 눈은 크지만 코는 크지 않아요. 그것은 매우 작아요.
D 그것의 다리는 두꺼워요. 그것들은 가늘지 않아요.

중요 표현

■ not ～ at all: 전혀 ～가 아닌

어휘

■ tortoise 거북　　■ brown 갈색인

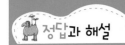

■ fast 빠른　　　■ thick 두꺼운
■ thin 가는

1

해설

주어 다음에 형용사가 바로 올 수 없는데, 이때 주어와 주어를 설명해 주는 형용사를 연결해 주는 것이 be동사이다. be동사를 부정할 때는 be동사 다음에 not을 쓰고, be동사와 not은 줄여 쓸 수 있다.

❶ 거북이가 초록색이므로 be동사의 부정을 써야 한다. 주어가 This tortoise로 단수이므로 동사는 isn't가 온다.

❷ 거북이가 느리다고 했으므로 be동사의 부정을 써야 한다. 주어가 It으로 단수이므로 동사는 isn't가 온다.

❸ 거북이 다리가 두껍다고 했으므로 be동사의 부정을 써야 한다. 주어가 They로 복수이므로 동사는 aren't가 온다.

2

해석

❶ 색 ❷ 속도 ❸ 코 ❹ 다리

해설

❶ 초록색이다.

❷ 빠르지 않고 느리다.

❸ 눈은 크지만, 코는 크지 않다.

❹ 다리는 가늘지 않다.

어휘

■ speed 속도　　　■ leg 다리

3

해설

거북의 눈과 코를 비교하여 설명하고 있는 문장이다. 영어의 문장은 〈주어+동사 ~〉의 순서로 쓴다.

어휘

■ big 큰　　　■ eye 눈
■ nose 코

Unit 11 be동사 의문문

PRACTICE 1
본문 75쪽

1 ❶ she, is ❷ Is, he ❸ Is, it ❹ we, aren't ❺ they, are ❻ Are, you

2 ❶ Are, you ❷ Is, he ❸ Is, it ❹ Are, they

1

해석

❶ 그녀는 비행기 조종사니?
 – 응, 그래.

❷ 그는 동물원에 있니?
 – 응, 그래.

❸ 그것은 기린이니?
 – 아니, 그렇지 않아.

❹ 너희들 슬프니?
 – 아니, 그렇지 않아.

❺ 그들은 가수니?
 – 응, 그래.

❻ 너는 축구 선수니?
 – 응, 그래.

해설

❶ 비행기 앞에서 조종사복을 입고 있으므로 그녀가 조종사임을 알 수 있다. Is she ~?로 물으면, she is를 사용하여 대답한다.

❷ 우리 안의 코끼리를 보고 있으므로 동물원에 있다. 대답에 he is가 있으므로, 질문이 Is he ~?임을 알 수 있다.

❸ 그림 속의 동물은 토끼이다. 대답에 it is가 있으므로 질문이 Is it ~?임을 알 수 있다.

❹ 그림 속의 두 사람은 크게 웃고 있다. Are you ~?로 물으면 we are를 사용하여 대답한다.

❺ 그림 속의 두 남자는 무대 위에서 마이크를 들고 노래하고 있다. Are they ~?로 묻고 있으므로, they are를 사용하여 대답한다.

❻ 그림 속의 남자는 축구를 하고 있고, 대답에 I am이 있으므로, 질문은 Are you ~?임을 알 수 있다.

어휘

- pilot 조종사
- giraffe 기린
- singer 가수
- player 운동선수
- zoo 동물원
- sad 슬픈
- soccer 축구

2

해석

❶ 너는 체스 선수니?
  – 응, 그래.
❷ 그는 수줍고 조용하니?
  – 아니, 그렇지 않아. 그는 명랑해.
❸ 그것은 원숭이니?
  – 응, 그래.
❹ 그들은 네 학급 친구들이니?
  – 아니, 그렇지 않아. 우리는 같은 반이 아니야.

해설

❶ 대답에 I am이 있으므로 질문은 Are you ~?임을 알 수 있다.
❷ 대답에 he is가 있으므로 질문이 Is he ~?임을 알 수 있다.
❸ 대답에 it is가 있으므로 질문이 Is it ~?임을 알 수 있다.
❹ 대답에 they are가 있으므로 질문이 Are they ~?임을 알 수 있다.

어휘

- shy 수줍은
- cheerful 쾌활한, 명랑한
- classmate 학급 친구
- class 반
- quiet 조용한
- monkey 원숭이
- the same 같은

PRACTICE 2

본문 77쪽

1 ❶ Is, this ❷ Are, those
2 ❶ it, is ❷ it, isn't ❸ they, are ❹ they, aren't

1

해석

❶ A: 이것은 과학실이니?

  B: 네, 그렇습니다.
❷ A: 저 사람들은 인기가 많니?
  B: 응, 그래.

해설

❶ 가까이 있는 단수명사를 가리킬 때는 this로 칭하고, 단수와 함께 쓰이는 be동사는 is이다.
❷ 멀리 있는 복수명사를 가리킬 때는 those로 칭하고, 복수와 함께 쓰이는 be동사는 are이다.

어휘

- science room 과학실
- popular 인기 있는

2

해석

❶ 너의 학교는 너의 집 근처니?
  – 응, 그래.
❷ 영어는 너에게 지루하니?
  – 아니, 그렇지 않아.
❸ 네 친구들 모두 동갑이니?
  – 응, 그래.
❹ 이 질문들이 어렵니?
  – 아니, 그렇지 않아.

해설

❶ 주어인 your school은 사물이며 단수이므로 대명사 it으로 받으므로 it is이다.
❷ 주어인 English는 사람이 아닌 사물이고 단수이므로 대명사 it으로 받는데, 대답이 No로 시작했으므로 it isn't로 답해야 한다.
❸ 주어인 all of your friends는 3인칭이면서 복수이므로 대명사 they로 받아 they are이다.
❹ 주어인 these questions는 3인칭이면서 복수이므로 대명사 they로 받고, 대답이 No로 시작했으므로 they aren't이다.

어휘

- near 근처에
- all 모두
- the same age 동갑
- difficult 어려운
- boring 지루한
- friend 친구
- question 질문

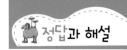

번째 방문이다. 그녀는 신이 나 있다.

해설

❶ 주어인 the next bus stop이 시청이 아니므로 부정의 대답이 와야 한다. 주어가 단수이므로 be동사는 is를 쓴다.

❷ 질문한 여자는 한 명으로 단수이므로 be동사는 is를 쓴다.

❸ 주어가 two girls이고, 한국 학생들이므로 부정의 대답이 되어야 한다.

❹ This visit은 단수이므로 be동사는 is를 쓴다.

❺ be동사는 주어와 주어의 상태를 설명하는 형용사를 연결하는 역할을 한다. 주어가 단수이므로 be동사는 is를 쓴다.

어휘

■ lady 숙녀　　　　　　　　■ Russian 러시아 사람
■ time ~번

Grammar in Real Life

본문 78쪽

1 ❶ No, it, isn't ❷ Yes, we, are ❸ Yes, it, is
2 ❶ isn't ❷ is ❸ aren't ❹ is ❺ is
3 ❶ Are you from Russia? ❷ Is everything new to you?

해석

A: 다음 버스 정류장이 시청인가요?
B: 아니요. 여기서 매우 멀어요.
A: 나는 러시아에서 왔어요. 당신들은 중학생인가요?
B: 네, 그렇습니다. 우리 학교는 여자 중학교에요. 이것이 당신의 첫 번째 한국 방문인가요?
A: 그래요. 모든 것이 나에게는 새로워요. 신나요.

중요 표현

■ far from: ~에서 먼

어휘

■ next 다음의　　　　　　　■ bus stop 버스 정류장
■ city hall 시청　　　　　　■ first 첫 번째의
■ visit 방문　　　　　　　　■ everything 모든 것
■ new 새로운　　　　　　　■ excited 신난

1

해설

❶ 주어인 the next bus stop이 사람이 아니고 사물, 단수이므로 대명사 it으로 받는다. 그리고 멀다는 말이 바로 이어서 오고 있으므로 부정의 대답이 와야 한다.

❷ 두 명의 여학생에게 질문했으므로 질문의 you는 '너'가 아니라 '너희들'로 복수이다. 따라서, 대답은 1인칭의 복수인 we (우리)로 해야 한다.

❸ 모든 것이 새롭다는 말이 대답 바로 다음에 나오는 것으로 보아, 이번 여행이 처음 여행임을 짐작할 수 있다. Is this ~? 에 대한 대답은 it is를 사용해야 한다.

2

해석

다음 버스 정류장은 시청이 아니다. 그 여자는 러시아 사람이지만, 두 소녀는 러시아 출신이 아니다. 이번 방문은 그 여자의 첫

3

해설

❶ 주어가 you이므로 be동사는 are를 쓴다. be동사 의문문은 〈Be동사+주어 ~?〉의 순서이므로 Are를 먼저 쓰고, 주어 you를 쓴 다음 from Russia를 쓴다.

❷ '모든 것'은 영어로 everything이며 단수이므로 be동사는 is를 쓴다. be동사가 쓰인 문장의 의문문은 〈Be동사+주어 ~?〉의 형태이다.

Actual Test 1

본문 80~83쪽

01 ④ 02 ④ 03 ③ 04 ③ 05 ② 06 ① 07 ②
08 ② 09 ② 10 ③ 11 ② 12 ④ 13 ② 14 ②
15 ③　16 (1) coffees, coffee (2) sugars, sugar
17 (1) isn't, is (2) No, isn't (3) No, they, aren't
18 (1) There are four ladies in the room.
(2) Those books are interesting.　19 is a big city
20 is his sister

01

해석

지수의 어린 남동생은 매우 영리하다.

해설

명사 앞이므로 소유격을 쓰는데, 소유격은 's로 나타낸다. He's는 소유격이 아니라 He is의 줄인 형태이다.

어휘

■ clever 영리한

02

해석

나는 6개의 연필을 가지고 있다.

해설

6개이므로 복수명사를 써야 하고, pencil의 복수형은 pencils이다.

어휘

■ pencil 연필

03

해석

A: 저 소년이 당신 아들입니까?
B: 아니요, 그렇지 않아요. 제 아들은 여기에 있지 않아요.

해설

be동사 의문문에 대한 부정의 대답은 〈be동사+not〉을 쓴다. your son으로 물어보았으므로 대답할 때는 My son으로 받아야 한다.

어휘

■ here 여기에

04

해석

선반 위에 몇 개의 신발들이 있다. / 벽에 시계가 하나 있다.

해설

〈There are+복수명사〉, 〈There is+단수명사〉를 쓴다.

어휘

■ shoes 신발   ■ shelf 선반
■ clock 시계   ■ wall 벽

05

해석

나는 13살이다. / 그는 선생님이시다.

해설

1인칭 단수인 인칭대명사의 be동사는 am, 3인칭 단수인 인칭대명사의 be동사는 is를 쓴다.

06

해석

① 나는 커피 두 잔을 원한다.
② 그는 차 한 잔을 마신다.
③ 그는 생수 한 병을 산다.
④ 그녀는 세 장의 종이를 가지고 있다.
⑤ 그들은 두 잔의 우유가 필요하다.

해설

① 앞에 two가 있으므로 용기를 나타내는 cup을 복수형 cups로 써야 한다.

어휘

■ drink 마시다   ■ buy 사다
■ bottle 병   ■ piece (종이) 장, 조각
■ need 필요하다

07

해석

① 그녀는 두 개의 인형을 가지고 있다.
② 내게 저 책들을 줘.
③ 이 영화는 흥미롭다.
④ 방에 컴퓨터가 한 대 있다.
⑤ 거리에 세 그루의 나무가 있다.

해설

② those는 복수명사 앞에 쓰므로 those를 that으로 고치거나 book을 books라고 고쳐야 한다.

08

해석

A: Cindy와 Jack은 미국인이니?
B: 응, 그래.

해설

〈Are+복수주어 ~?〉의 긍정 대답은 〈Yes, 대명사 주어+are.〉로 쓴다. Cindy와 Jack은 대명사 they(그들)로 받는다.

어휘

- American 미국인

09

해석

A: 이것은 당신 차입니까?
B: 네, 그렇습니다.

해설

〈Is+단수주어 ~?〉의 긍정 대답은 〈Yes, 대명사 주어+is.〉로 쓴다. this car는 대명사 it(그것)으로 받는다.

어휘

- car 차

10

해석

① 그는 아버지이다.
② 그녀는 4시간 수업이 있다.
③ 내 여동생은 매우 귀엽다.
④ 이것은 새 우산이다.
⑤ 그 영화는 감동적이다.

해설

③번은 형용사이고, 나머지는 명사이다.

어휘

- class 수업
- umbrella 우산
- cute 귀여운
- touching 감동적인

11

해석

민호는 집에 있다[빨리 달린다 / 매우 친절하다 / 캐나다 출신이다 / 내 학급 친구이다].

해설

② be동사 뒤에 바로 다른 동사를 이어서 쓸 수 없다.

중요 표현

- be from: ~출신이다

어휘

- fast 빠르게
- classmate 학급 친구
- kind 친절한

12

해설

〈There are+복수명사〉를 써야 하며, flower의 복수형은 flowers이다.

어휘

- flower 꽃
- garden 정원

13~15

해석

안녕하세요! 제 이름은 미진입니다. 저는 초등학생입니다. 저의 아빠는 40살이세요. 그는 의사이십니다.
하지만 엄마는 의사가 아니십니다. 그녀는 피아니스트이십니다. 제 언니는 고등학생입니다. 그녀는 예뻐요.
저는 제 가족을 사랑합니다. 우리는 지금 매우 행복합니다.

어휘

- elementary 초등의
- doctor 의사
- high school 고등학교
- student 학생
- pianist 피아니스트
- pretty 예쁜

13

해설

⑥만 주어가 I이므로 am이 들어가고, 나머지 빈칸에는 주어가 3인칭 단수이므로 is가 들어간다.

14

해설

My father는 3인칭 단수 남자이므로 He로 받는다.

15

해설

'우리'라는 뜻을 가진 대명사는 we이고, we와 함께 쓰이는 be 동사는 are이다.

16

해석

A: 내 집에 온 것을 환영해. 들어오렴.
B: 오, 넌 아름다운 집을 가졌구나.
A: 고마워. 너 커피 한 잔 마실래?
B: 응, 그럴게. 크림이랑 설탕 넣고.

해설

coffee와 sugar는 셀 수 없는 물질명사이므로 복수형으로 쓸 수 없다.

중요 표현

- welcome to: ~에 온 것을 환영하다
- come on in: ~에 들어오다

어휘

- beautiful 아름다운
- sugar 설탕

17

해석

(1) 유리는 캐나다 출신이 아니다. 그녀는 한국 출신이다.
(2) A: Mike는 13살이니?
　B: 아니, 그렇지 않아. 그는 33살이야.
(3) A: Mike와 유리는 예술가니?
　B: 아니, 그렇지 않아.

해설

(1) 주어가 Yuri로 3인칭 단수이며, 캐나다 출신이 아니라 한국 출신이므로 첫 빈칸에는 부정의 형태인 isn't가 들어가야 하고, 한국 출신이므로 두 번째 빈칸에는 is가 들어가야 한다.
(2) Mike는 33살이므로 부정의 대답이 되어야 한다. Is ~?로

묻는 질문에 대한 대답은 〈Yes, 대명사 주어+is. / No, 대명사 주어+isn't.〉로 해야 한다.
(3) Mike와 Yuri는 예술가가 아니라 각각 변호사, 학생이므로 부정의 대답이 되어야 한다. Are ~?로 묻는 질문에 대한 대답은 〈Yes, 대명사 주어+are. / No, 대명사 주어+aren't.〉로 해야 한다.

어휘

- lawyer 변호사
- artist 예술가

18

해설

(1) lady의 복수형은 ladies이다. 〈자음+y〉로 끝나는 명사는 y를 i로 고치고 -es를 붙인다.
(2) 뒤에 복수명사와 be동사 are가 왔으므로 that은 복수형이 알맞다. that의 복수형은 those이다.

어휘

- lady 숙녀
- room 방

19

해설

주어 다음에는 동사 is가 오고, 보어에 해당하는 a big city가 와야 한다. big은 city를 꾸며 준다.

어휘

- big 큰
- city 도시

20

해설

주어 다음에는 동사가 와야 하고, 소유격은 명사 앞에 쓴다.

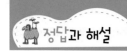

Chapter IV 일반동사

Unit 12 일반동사 평서문

PRACTICE 1
본문 87쪽

1 ① I feel so good tonight. ② I want some
snacks. ③ Look at the stars! Listen to the birds!
④ I want to play some games.
2 ① gets ② watch ③ drink ④ sit ⑤ visit

1

해석

① 나 오늘 밤 기분 좋다. 신이 나.
② 나는 배고파. 간식을 좀 먹고 싶어.
③ 저 별들 좀 봐! 새 소리도 들어 봐!
④ 나는 게임을 좀 하고 싶어. 카드 게임 어때?

해설

① feel 느끼다
② want 원하다
③ look (at) ~(을) 보다, listen (to) ~(을) 듣다
④ want 원하다, play (게임 등을) 하다

중요 표현

■ How about ~?: ~은 어때?(= What about ~?)

어휘

■ tonight 오늘 밤   ■ hungry 배고픈
■ some 약간의   ■ snack 간식
■ star 별   ■ bird 새

2

해석

① Logan은 매일 아침 일찍 일어난다.
② 그들은 함께 TV를 본다.
③ 그 고양이들은 우유를 마신다.
④ 우리는 소파에 앉는다.
⑤ 나는 가끔씩 조부모님을 방문한다.

해설

① 주어 Logan이 3인칭 단수이므로 동사에 -s를 붙인다.
② TV와 같이 쓰이는 동사는 watch이다.
③ milk와 같이 쓰이는 동사는 drink이다.
④ on the sofa와 같이 쓰일 수 있는 동사는 sit이다.
⑤ my grandparents와 같이 쓰일 수 있는 동사는 visit이다.

중요 표현

■ get up: 일어나다
■ every morning: 매일 아침

어휘

■ visit 방문하다   ■ early 일찍
■ together 함께   ■ sometimes 가끔씩
■ grandparents 조부모

PRACTICE 2
본문 89쪽

1 ① lives ② washes ③ cries ④ says
2 ① go ② wear ③ has ④ plays

1

해석

① 금붕어 한 마리가 어항 속에 산다.
② 그녀는 손을 자주 씻는다.
③ Kevin은 아이스크림 때문에 운다.
④ Brad는 항상 "네."라고 말한다.

해설

주어가 3인칭 단수일 때 일반동사는 동사에 -(e)s를 붙인다.
① live는 -s를 붙인다.
② -sh로 끝나는 동사는 -es를 붙인다.
③ 〈자음 + y〉로 끝나는 동사는 y를 i로 고치고 -es를 붙인다.
④ 〈모음 + y〉로 끝나는 동사는 -s를 붙인다.

중요 표현

■ cry over: ~때문에 울다

어휘

■ goldfish 금붕어   ■ fish bowl 어항
■ often 자주   ■ wash 씻다
■ hand 손   ■ always 항상

2

해석

Nick과 Jenny는 남매이다. 그들은 매일 같이 학교에 간다. 그들은 교복을 입는다. 그들은 걸어서 학교에 간다.

Jenny는 12시 30분에 친구들과 함께 학교 점심을 먹는다. Nick은 방과 후에 축구를 한다.

해설

❶ '학교에 가다'는 go to school이고, 주어가 복수이므로 동사의 형태 변화는 없다.

❷ '교복을 입다'는 wear uniforms이고, 주어가 복수이므로 동사의 형태 변화는 없다.

❸ '학교 점심을 먹다'는 have school lunch이고, 주어가 3인칭 단수이므로 has로 써야 한다.

❹ '축구를 하다'는 play soccer이고, 주어가 3인칭 단수이므로 plays로 쓴다.

중요 표현

■ every day: 매일
■ after school: 방과 후에

어휘

■ brother and sister 남매
■ uniform 교복, 제복
■ lunch 점심 식사
■ soccer 축구
■ together 함께
■ walk 걷다
■ with ~와 함께

Grammar in Real Life

본문 90쪽

1 want, join, like, sounds
2 A chef teaches students
3 ❶ likes ❷ wants

해석

Kato: 나 요리 동아리에 들고 싶어.
기훈: 너 요리 잘해?
Kato: 그건 아니야. 그냥 좋아해.
기훈: 그 동아리에서는 요리사가 학생들을 가르쳐.
Kato: 그것 멋진데!

중요 표현

■ be good at: ~을 잘하다

어휘

■ join 가입하다
■ club 동아리
■ cooking 요리

1

해설

일반동사란 동작이나 행동 등을 나타내는 동사로 보통 주어를 설명한다.
want 원하다, join 가입하다, like 좋아하다, sound ~처럼 들리다

2

해설

문장은 〈주어+동사 ~〉로 구성되므로 주어인 A chef를 제일 먼저, 그다음 동사인 teaches를 써야 한다. 이때 주어가 3인칭 단수이므로 동사에 -(e)s 붙이는 것을 잊지 않도록 한다. teach는 -ch로 끝나는 동사이므로 -es를 붙인다.

어휘

■ chef 요리사(= cook)
■ teach 가르치다

3

해석

Kato는 요리를 좋아하지만, 잘하지는 못한다. 그래서 그는 요리 동아리에 가입하고 싶어 한다.

해설

❶ Kato는 기훈이가 요리를 잘하느냐고 물었을 때 잘하지 못하고 그냥 좋아한다고 했으므로 빈칸에는 like가 온다. 주어인 Kato는 3인칭 단수이므로 동사에 -s를 붙인다.

❷ Kato는 요리 동아리에 가입하고 싶어 하므로 빈칸에는 want가 온다. 주어인 he는 3인칭 단수이므로 동사에 -s를 붙인다.

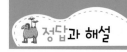

Unit 13 일반동사 부정문

PRACTICE 1
본문 93쪽

1 ❶ don't[do not] live ❷ don't[do not] eat
  ❸ don't[do not] grow
2 ❶ doesn't[does not] do ❷ doesn't[does not]
  clean ❸ doesn't[does not] cook

1

해석
〈보기〉 새들은 물속에서 헤엄치지 않는다.
❶ 캥거루는 추운 지역에 살지 않는다.
❷ 호랑이는 당근을 먹지 않는다.
❸ 감자는 나무에서 자라지 않는다.

해설
주어가 복수일 때 일반동사의 부정은 〈don't[do not]+동사원형〉이다.

중요 표현
■ under water: 물속에서

어휘
■ bird 새
■ area 지역
■ potato 감자
■ grow 자라다
■ cold 추운, 차가운
■ carrot 당근
■ tree 나무

2

해석
❶ Cindy는 빨래를 하지 않는다.
❷ Cindy는 방을 청소하지 않는다.
❸ Cindy는 저녁을 요리하지 않는다.

해설
❶ 주어가 3인칭 단수이고, 동사가 do이므로 부정은 doesn't[does not] do이다.
❷ 주어가 3인칭 단수이고, 동사가 clean이므로 부정은 doesn't[does not] clean이다.
❸ 주어가 3인칭 단수이고, 동사가 cook이므로 부정은 doesn't[does not] cook이다.

중요 표현
■ do the laundry: 빨래하다

어휘
■ laundry 세탁물, 빨랫감
■ clean 청소하다
■ cook 요리하다
■ room 방
■ dinner 저녁 식사

PRACTICE 2
본문 95쪽

1 ❶ doesn't[does not] go ❷ don't[do not] hang
  ❸ don't[do not] go ❹ doesn't[does not] clean
  ❺ doesn't[does not] walk
2 ❶ doesn't have a doll ❷ doesn't want to eat
  vegetables ❸ don't do house chores

1

해석
❶ 우리 엄마는 영화를 보러 가지 않으신다.
❷ 나는 친구들과 놀지 않는다.
❸ 나는 쇼핑을 가지 않는다.
❹ 우리 엄마는 집을 청소하지 않으신다.
❺ 우리 아빠는 개를 산책시키지 않으신다.

해설
❶, ❹ 주어가 My mom으로 3인칭 단수이므로 일반동사의 부정은 〈doesn't[does not]+동사원형〉이다.
❷, ❸ 주어가 I이므로 일반동사의 부정은 〈don't[do not]+동사원형〉이다.
❺ 주어가 My dad로 3인칭 단수이므로 일반동사의 부정은 〈doesn't[does not]+동사원형〉이다.

중요 표현
■ hang out with: ~와 어울리다, ~와 시간을 보내다
■ go shopping: 쇼핑가다
■ walk the dog: 개를 산책시키다

2

해석

❶ Stella는 인형을 가지고 있지 않다.
❷ Patrick은 채소를 먹고 싶어 하지 않는다.
❸ 나는 오늘 아파서 집안일을 하지 않는다.

해설

❶ Stella가 들고 있는 것은 로봇이므로 인형을 가지고 있는 것이 아니다. 주어가 3인칭 단수이므로 일반동사의 부정은 〈doesn't+동사원형〉이다.
❷ Patrick의 표정으로 보아 먹고 싶어 하지 않음을 알 수 있다. 주어가 Patrick으로 3인칭 단수이므로 일반동사의 부정은 〈doesn't+동사원형〉이다.
❸ 아파서 누워 있으므로 집안일을 하지 않는다고 하는 것이 자연스럽다. 주어가 I이므로 일반동사의 부정은 〈don't+동사원형〉이다.

어휘

- vegetable 채소, 야채
- so 그래서
- sick 아픈
- house chores 집안일

Grammar in Real Life

본문 96쪽

1 He does not need any medicine
2 ❶ works ❷ makes ❸ doesn't[does not] take
3 ❶ gets ❷ gives ❸ takes ❹ doesn't feel

해석

A: 우리 아빠는 일을 너무 많이 하셔. 그리고 그는 매우 피곤해하셔.
B: 그는 무슨 일을 하시는데?
A: 컴퓨터 프로그래머이셔.

B: Lynn, 그는 이것이 필요해.
A: 그는 어떤 약도 필요하지는 않아.

B: 이건 비타민 C야. 그것을 그에게 드려. 도움이 돼.
A: 고마워.

어휘

- work 일하다
- too much 너무 많이

- tired 피곤한
- need 필요하다
- give 주다
- programmer 프로그래머
- vitamin 비타민
- help 도움이 되다

1

해설

부정문이 되어야 하므로 〈주어+does not+동사원형 ~.〉의 형태로 쓴다. any는 명사 medicine 앞에서 명사를 꾸며 준다.

2

해석

❶ 그는 일을 너무 많이 한다.
❷ 그는 컴퓨터 프로그램을 만든다.
❸ 그는 매우 피곤하지만, 약을 복용하지는 않는다.

해설

❶, ❷ 주어가 3인칭 단수이고, 긍정의 내용이므로 동사에 -s를 붙인다.
❸ 주어가 3인칭 단수이고, 부정의 내용이므로 〈doesn't[does not]+동사원형〉의 형태로 쓴다.

어휘

- medicine 약
- take 복용하다

3

해석

Lynn은 비타민 C를 받는다. 그녀는 그것을 아빠에게 드린다. 아빠는 그것을 복용하고 피곤해하지 않는다.

해설

❶~❸ 주어가 3인칭 단수이므로, 〈동사+-s〉의 형태를 쓴다.
❹ 부정문이 되어야 하므로 〈doesn't+동사원형〉을 쓴다.

정답과 해설

Unit 13 일반동사 부정문 29

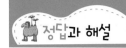
Unit 14 일반동사 의문문

본문 99쪽

1 ① Do, you, do, your ② Do, I, want ③ Do, they, like ④ Do, Jackson, and, Tera, wear
2 ① Do all Koreans eat *gimchi*? ② Do you want to drink orange juice? ③ Do I look all right?

1

해석

① 너는 숙제를 한다.
  ➡ 너는 숙제를 하니?
② 나는 이 셔츠를 원해.
  ➡ 내가 이 셔츠를 원하는 거니?
③ 그들은 그 새를 좋아한다.
  ➡ 그들은 그 새를 좋아하니?
④ Jackson과 Tera는 여름에 선글라스를 쓴다.
  ➡ Jackson과 Tera는 여름에 선글라스를 쓰니?

해설

① 주어가 you이므로 Do you do ~?의 형태로 쓴다.
② 주어가 I이므로 Do I want ~?의 형태로 쓴다.
③ 주어가 they이므로 Do they like ~?의 형태로 쓴다.
④ 주어가 Jackson and Tera이므로 Do Jackson and Tera wear ~?의 형태로 쓴다.

중요 표현

■ do one's homework: 숙제하다

어휘

■ shirt 셔츠
■ sunglasses 선글라스
■ wear 입다, 쓰다
■ summer 여름

2

해설

① 주어가 복수일 때 일반동사 의문문은 〈Do+주어+동사원형 ~?〉의 형태이다.
② 주어가 you일 때 일반동사 의문문은 〈Do+you+동사원형 ~?〉의 형태이다.
③ 주어가 I일 때 일반동사 의문문은 〈Do+I+동사원형 ~?〉의 형태이다.

중요 표현

■ look all right: 괜찮아 보이다. 〈look+형용사〉는 '~해 보이다'라는 뜻이다.

어휘

■ eat 먹다
■ all right 괜찮은, 좋은

본문 101쪽

1 ① Does ② she, doesn't ③ they, do ④ Does, Gordon
2 ① No, she, doesn't ② Yes, he, does

1

해석

① A: Mack은 접시의 물기를 닦니?
   B: 아니, 그렇지 않아.
② A: Alice는 식탁을 차리니?
   B: 아니, 그렇지 않아. 그녀는 식탁을 치워.
③ A: April과 Pete는 주방에서 일하니?
   B: 응, 그래.
④ A: Gordon이 식탁을 차리니?
   B: 응, 그래.

해설

① 주어가 3인칭 단수일 때 일반동사 의문문의 어순은 〈Does+주어+동사원형 ~?〉이다.
② 주어가 3인칭 단수인 문장의 의문문에 답할 때는 〈Yes, he[she/it] does.〉 또는 〈No, he[she/it] doesn't.〉로 한다.
③ 주어가 3인칭 복수인 문장의 의문문에 대한 대답은 Yes, they do. 또는 No, they don't.로 한다.
④ 대답이 긍정이므로 식탁을 차리는 Gordon에 대해 질문해야 한다.

중요 표현

■ dry the dishes: 접시의 물기를 닦아 내다

■ set the table: 식탁을 차리다 (↔ clear the table 식탁을 치우다)

어휘

■ work 일하다　　　　　■ kitchen 주방

2

해석

❶ Q: Jenny는 땅콩을 좋아하니?
　　A: 아니, 그렇지 않아.
❷ Q: Nick은 초콜릿을 좋아하니?
　　A: 응, 그래.

해설

❶ 땅콩은 좋아하지 않는 항목에 있으므로 부정의 대답을 한다. 질문의 주어가 Jenny로 여성이므로, 대답에서는 she로 받는다.
❷ 초콜릿은 좋아하는 항목에 있으므로 긍정의 대답을 한다. 질문의 주어가 Nick으로 남성이므로, 대답에서는 he로 받는다.

어휘

■ like 좋아하다　　　　■ sweets 사탕, 단것들
■ peanut 땅콩　　　　　■ broccoli 브로콜리

Grammar in Real Life　　　　본문 102쪽

> **1** Mandy
> **2** ❶ Does, Paul ❷ No, she, doesn't
> **3** read[hold, have], a, book

1

해석

A: 이 사람은 여자애야, 남자애야?
B: 여자애야.
A: 그녀는 책을 읽니?
B: 아니, 그렇지 않아.
A: 그녀는 한 손을 드니?
B: 응, 그래.
A: 이제, 알았다! 정답은 Mandy야!

해설

그림 속에서 손을 든 여자아이는 Mandy이다.

중요 표현

■ hold up: ~을 들다
■ I got it!: 알았다(무엇인가를 알거나 이해하게 되었을 때 사용하는 표현)

어휘

■ read 읽다　　　　　■ hand 손
■ answer 대답, 답

2

해석

❶ A: Paul은 책을 운반하니?
　　B: 응, 그래.
❷ A: Betty는 그림 그리는 것을 끝내니?
　　B: 아니, 그렇지 않아.

해설

❶ 대답이 긍정이므로 책을 운반하고 있는 Paul에 대한 질문으로 만들어야 한다.
❷ Betty는 그림을 그리고 있으므로 부정으로 대답해야 한다. Betty가 여자이므로 대답에서 she로 써야 한다.

어휘

■ carry 운반하다　　　■ finish 끝내다
■ draw 그리다

3

해석

Matt와 Alison은 책을 읽고[들고 / 가지고] 있다.

해설

두 사람은 공통적으로 책을 읽고[들고 / 가지고] 있다.

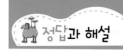

Chapter V 시제

Unit 15 현재시제

PRACTICE 1

본문 107쪽

1 ❶ gets up ❷ walks to school ❸ comes home
  ❹ goes to bed
2 ❶ 상태/성질 ❷ 습관/일상 ❸ 사실/속담 ❹ 사실/속담
  ❺ 상태/성질

1

해석

❶ Jerry는 6시에 일어난다.
❷ Jerry는 8시에 학교에 걸어서 간다.
❸ Jerry는 4시에 집에 온다.
❹ Jerry는 11시에 잠자리에 든다.

해설

주어가 3인칭 단수인 Jerry이므로 동사에 -(e)s를 붙여야 한다.
❶ 일어나는 그림이므로 get up을 이용한다.
❷ 학교에 가는 그림이므로 walk to school을 이용한다.
❸ 집에 오는 그림이므로 come home을 이용한다.
❹ 침대에 누워 있는 그림이므로 go to bed를 이용한다.

어휘

■ go to bed 자러 가다　　■ get up 일어나다

2

해석

❶ Linda는 간호사이다.
❷ Mickey는 매일 밤 일기를 쓴다.
❸ 하루는 24시간이다.
❹ 일찍 일어나는 새가 벌레를 잡는다.
❺ 그녀는 갈색 머리이다.

해설

❶, ❺ 현재의 상태를 나타낸다.
❷ 습관을 나타낸다.

❸ 사실을 나타낸다.
❹ 부지런해야 한다는 속담이다.

중요 표현

■ keep a diary: 일기를 쓰다

어휘

■ early 이른　　　　　　■ catch 잡다
■ worm 벌레　　　　　　■ brown 갈색(의)

PRACTICE 2

본문 109쪽

1 ❶ listening ❷ is opening ❸ is drinking water
  ❹ is writing a letter
2 ❶ is teaching ❷ is swimming ❸ No, she isn't,
  is skating

1

해석

❶ 현지는 음악을 듣고 있다.
❷ 민호는 창문을 열고 있다.
❸ 보라는 물을 마시고 있다.
❹ 유진이는 편지를 쓰고 있다.

해설

현재 진행 중인 동작이므로 현재진행시제를 쓴다.
❶, ❷, ❸ 동사원형에 -ing를 붙이면 된다.
❹ e로 끝나는 동사는 e를 빼고 -ing를 붙인다.

어휘

■ music 음악　　　　　　■ window 창문

2

해석

❶ A: Jake는 무엇을 하고 있니?
  B: 그는 영어를 가르치고 있어.
❷ A: Tom은 노래를 하고 있니?
  B: 아니, 그렇지 않아. 그는 수영을 하고 있어.
❸ A: 미나는 서 있니?
  B: 아니, 그렇지 않아. 그녀는 스케이트를 타고 있어.

해설

현재 진행 중인 동작을 나타낼 때는 〈be동사의 현재형+동사원형-ing〉형을 쓴다.
❶ Jake는 영어를 가르치고 있다. teach는 -ing를 붙인다.
❷ Tom은 수영하고 있다. swim은 〈단모음+단자음〉으로 끝나는 동사이므로 m을 한 번 더 쓰고, -ing를 붙인다.
❸ 스케이트를 타고 있으므로 부정의 대답을 완성한다. skate는 e를 빼고 -ing를 붙인다.

어휘

■ sing 노래하다   ■ stand 서다

Grammar in Real Life

본문 110쪽

1 winning 2 runing, running
3 He[Minho] is watching TV[a football game].

해석

여: 안녕, 민호야! 너는 지금 무엇을 하고 있니?
남: 저는 TV를 보고 있어요. 미식축구 경기를 하네요.
남: 오! 블랙 팀이 이기고 있어요. 그를 보세요. 그는 제가 가장 좋아하는 선수예요.
여: 누구?
남: 그는 달리고 있어요. 지금 그는 공을 잡고 있어요.
여: 어디? 나는 모르겠네. 나는 그를 볼 수가 없어.
남: 보세요! 그는 지금 다시 달리고 있어요.
여: 오, 알겠구나.

어휘

■ watch 보다   ■ football 미식축구
■ win 이기다   ■ favorite 가장 좋아하는
■ player 선수   ■ run 달리다
■ hold 잡다

1

해설

win의 진행형은 winning이다. 〈단모음+단자음〉으로 끝나는 동사는 자음을 하나 더 쓰고 -ing를 붙인다.

2

해설

run의 진행형은 running이다. 〈단모음+단자음〉으로 끝나는 동사는 자음을 하나 더 쓰고 -ing를 붙인다.

3

해석

민호는 지금 무엇을 하고 있나요?

해설

민호는 TV[미식축구 경기]를 보고 있는 중이다.

Unit 16 과거시제

PRACTICE 1

본문 113쪽

1 ❶ went to the library, saw ❷ saw, visited a zoo
  ❸ drew a picture
2 ❶ came ❷ bought ❸ wrote

1

해석

❶ 지원이는 도서관에 갔고, 영화를 보았다.
❷ 민재는 영화를 봤고, 동물원을 방문했다.
❸ 지영이는 그림을 그렸다.

해설

동사의 과거형은 보통 동사원형에 -ed를 붙이지만, 불규칙 변화하는 동사에 유의한다.
❶ go의 과거형은 불규칙 변화하여 went이다. see의 과거형은 불규칙 변화하여 saw이다.

정답과 해설

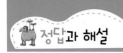
❷ visit의 과거형은 동사원형에 -ed를 붙인다.

❸ draw의 과거형은 불규칙 변화하여 drew이다.

어휘

- library 도서관
- picture 그림

2

해석

❶ 수영이는 한 시간 전에 집에 왔다.

❷ Jasmin은 지난 금요일에 새 셔츠를 샀다.

❸ Sue는 어제 그녀의 부모님께 이메일을 썼다.

해설

이미 한 일이므로 과거시제를 쓴다. 불규칙 변화하는 동사에 유의한다.

❶ come의 과거형은 불규칙 변화하여 came이다.

❷ buy의 과거형은 불규칙 변화하여 bought이다.

❸ write의 과거형은 불규칙 변화하여 wrote이다.

어휘

- ago 전에
- last 지난
- parents 부모님
- yesterday 어제

PRACTICE 2

본문 115쪽

1 ❶ played ❷ didn't[did not], rode a bicycle[bike]
  ❸ Did, go, No, didn't
2 ❶ Did, he didn't ❷ Did, took ❸ Was Murphy,
  he wasn't

1

해석

❶ Mike는 지난 일요일에 야구를 했다.

❷ Tom은 어제 걷지 않았다. 그는 그때 자전거를 탔다.

❸ A: Mary는 어제 학교에 갔니?
   B: 아니, 그녀는 가지 않았어.

해설

과거에 일어난 일들이므로 과거시제를 쓴다.

❶ play의 과거형은 -ed를 붙인다.

❷ 일반동사의 과거시제 부정문은 〈주어+didn't[did not]+동

사원형 ~.〉의 형태이다. ride의 과거형은 rode이다.

❸ 일반동사의 과거시제 의문문은 〈Did+주어+동사원형 ~?〉의 형태이며, 부정의 대답은 〈No, 대명사 주어+didn't.〉로 한다.

어휘

- baseball 야구
- walk 걷다

2

해석

❶ A: Murphy는 운동을 했니?
   B: 아니, 하지 않았어.

❷ A: Murphy는 목욕을 했니?
   B: 응, 했어. 그는 어제 목욕을 했어.

❸ A: Murphy는 도서관에 있었니?
   B: 아니, 그러지 않았어. 그는 놀이터에 있었어.

해설

❶ 과거의 일을 묻고 있으므로 Did가 들어가야 한다. 일반동사 과거시제 의문문은 〈Did+주어+동사원형 ~?〉의 형태이다. 이에 대한 부정의 대답은 〈No, 대명사 주어+didn't.〉로 한다.

❷ 과거의 일을 묻고 있으므로 Did가 들어가야 한다. 일반동사 과거시제 의문문은 〈Did+주어+동사원형 ~?〉의 형태이다. take의 과거형은 took임에 유의한다.

❸ be동사 과거시제 의문문은 〈Was[Were]+주어 ~?〉의 형태이다. 이에 대한 부정의 대답은 〈No, 대명사 주어+wasn't[weren't].〉이다.

중요 표현

- take a bath: 목욕하다

어휘

- library 도서관
- playground 놀이터, 운동장

Grammar in Real Life

본문 116쪽

1 ❶ was ❷ bought
2 had
3 She[The girl] saw 'Big Ben' and visited London
  Bridge. She bought many things like postcards
  and candies.

해석

여: 안녕! Kevin!

남: 안녕! 영국 여행은 어땠니?

여: 훌륭했어!

남: 거기에서 너는 무엇을 했니?

여: 나는 빅벤도 보고 런던 브리지도 방문했어.

남: 오, 너는 뭐 좀 샀니?

여: 물론이지. 나는 엽서들과 사탕 같은 것들을 많이 샀어.

남: 와우. 너는 멋진 시간을 보냈구나.

어휘

- trip 여행
- like ~와 같은
- candy 사탕
- visit 방문하다
- postcard 엽서
- wonderful 멋진

1

해설

❶ 과거에 했던 일에 대해 대화를 나누고 있으므로 동사의 과거형을 써야 한다.

❷ buy의 과거형은 bought이다.

2

해설

과거에 했던 일에 대해 대화를 나누고 있으므로 동사의 과거형을 써야 하는데, have의 과거형은 had이다.

3

해석

소녀는 영국에서 무엇을 했나요?

해설

소녀는 영국에서 빅벤을 보고 런던 브리지를 방문했다. 엽서와 사탕 같은 것들을 많이 샀다.

Unit 17 미래시제

PRACTICE 1

본문 119쪽

1 ❶ will not[won't] smoke / is not[isn't] going to smoke ❷ will go / is going to go ❸ will visit / is going to visit

2 ❶ Jinsu clean his house, he won't, will watch TV ❷ Sumin cook dinner, Yes, she will

1

해석

❶ 그는 지금부터 담배를 피우지 않을 것이다.

❷ 그는 이번 주말에 파리에 갈 것이다.

❸ 그녀는 내일 그녀의 할머니를 방문할 것이다.

해설

❶ 미래시제의 부정문은 〈주어+will not[won't] + 동사원형 ~.〉, 〈주어+be동사의 현재형 + not + going to + 동사원형 ~.〉을 쓴다.

❷, ❸ 미래를 나타낼 때는 〈will + 동사원형〉, 〈be동사 현재형 +going to +동사원형〉을 쓴다.

중요 표현

- from now on: 지금부터

어휘

- weekend 주말

2

해석

❶ A: 진수는 그의 집을 청소할까?

　 B: 아니, 그러지 않을 거야. 그는 TV를 볼 거야.

❷ A: 수민이는 저녁을 요리할까?

　 B: 응, 그럴 거야. 그녀는 그녀의 엄마를 도울 거야.

해설

❶ 미래시제 의문문은 〈Will + 주어 + 동사원형 ~?〉을 쓰고, 이에 대한 부정의 대답은 〈No, 대명사 주어 + won't.〉로 한다. will 다음에는 동사원형이 와야 한다.

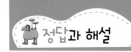
❷ 미래시제 의문문은 〈Will + 주어 + 동사원형 ~?〉을 쓰고, 이에 대한 긍정의 대답은 〈Yes, 대명사 주어 + will.〉로 한다.

어휘
- clean 청소하다
- cook 요리하다
- help 돕다
- dinner 저녁 식사

PRACTICE 2
본문 121쪽

1 ❶ ⓑ ❷ ⓑ ❸ ⓐ
2 ❶ going to play soccer ❷ are going to clean[wipe] the table / will clean[wipe] the table ❸ is going to draw[paint] a picture / will draw[paint] a picture

1

해설
미래를 나타내는 말과 함께 현재시제 혹은 현재진형시제로 미래를 나타낼 수 있다.
❶ 미래를 나타내는 later와 함께 쓰였으므로 나중에 간다는 뜻이다.
❷ 미래를 나타내는 soon과 함께 쓰였으므로 기차가 곧 도착할 것이라는 뜻이다.
❸ 미래를 나타내는 in five minutes와 함께 쓰였으므로 버스가 5분 후에 떠날 것이라는 뜻이다.

어휘
- later 나중에
- soon 곧
- in ~후에
- arrive 도착하다
- leave 떠나다
- minute 분

2

해석
❶ 민재는 축구를 할 것이다.
❷ 수현이와 민수는 탁자를 닦을 것이다.
❸ 자은이는 그림을 그릴 것이다.

해설
❶ 앞에 is가 주어졌으므로 be going to를 이용하여 문장을 완성한다.
❷, ❸ will이나 be going to를 이용한 두 가지 표현이 모두 가능하다.

Grammar in Real Life
본문 122쪽

1 Are you going to[Will you] go there? / Are you going there?
2 will[am going to] go
3 He[The boy] will buy a cap (for his friend).

해석
여: 이봐! 너는 무엇을 보고 있니?
남: 카드야. 내일이 민수의 생일이거든.

여: 오. 너는 거기에 갈 거니?
남: 물론이지. 재미있을 거야.

여: 너는 무엇을 살 거니?
남: 흠. 나는 모자를 살 거야. 그는 그것을 좋아할 거야.

여: 멋지구나. 즐거운 시간 보내렴!
남: 고마워! 나는 방과 후에 백화점에 갈 거야.

어휘
- birthday 생일
- cap 모자
- department store 백화점
- fun 재미있는
- sound ~처럼 들리다

1

해설
미래시제의 의문문은 〈Be동사의 현재형+주어+going to+동사원형 ~?〉 또는 〈Will+주어+동사원형 ~?〉을 쓴다.

2

해설
미래(after school)를 나타내고 있으므로 미래시제를 써야 한다.

3

해석
그 소년은 그의 친구를 위해 무엇을 사려고 하나요?

해설
그 소년은 그의 친구를 위해 모자를 살 것이라고 말하고 있다.

Unit 18 시제의 일치

본문 125쪽

PRACTICE 1

1 ❶ went ❷ was ❸ made
2 ❶ is, going, to, play ❷ will, study ❸ is, going, to, travel

1

해석

❶ Jacob은 2002년에 이집트에 갔다.
❷ Jim은 어제 슈퍼마켓에 있었다.
❸ 지난 일요일에 엄마는 케이크를 만드셨다.

해설

❶ in 2002라는 과거를 나타내는 부사구가 있으므로 과거시제로 써야 한다. go의 과거형은 went이다.
❷ yesterday라는 과거를 나타내는 부사가 있으므로 과거시제로 써야 한다. 주어가 Jim으로 3인칭 단수이므로 be동사는 was가 알맞다.
❸ Last Sunday라는 과거를 나타내는 부사구가 있으므로 과거시제로 써야 한다. make의 과거형은 made이다.

어휘

■ supermarket 슈퍼마켓

2

해석

❶ 수민이는 내일 피아노를 연주할 것이다.
❷ 그녀는 내년에 수학을 열심히 공부할 것이다.
❸ 그녀는 10년 뒤에 세계를 여행할 것이다.

해설

❶ tomorrow라는 미래를 나타내는 부사가 있으므로 미래시제를 써야 한다. 빈칸이 4개이므로 be going to를 이용한 미래시제를 써야 한다.
❷ next year라는 미래를 나타내는 부사구가 있으므로 미래시제를 써야 한다. 빈칸이 2개이므로 〈will+동사원형〉이 들어가야 한다.

❸ 10 years later라는 미래를 나타내는 부사구가 있으므로 미래시제를 써야 한다. 빈칸이 4개이므로 be going to를 이용한 미래시제를 써야 한다.

중요 표현

■ (all) around the world: 세계적으로

어휘

■ math 수학
■ hard 열심히

PRACTICE 2

본문 127쪽

1 ❶ our country regained independence in 1945
  ❷ the Earth moves around the Sun
2 ❶ Princess Diana – died – in 1997.
  ❷ Light – travels – faster than sound.
  ❸ Frank Epperson – invented – the Popsicle in 1905.
  ❹ Slow and steady – wins – the race.

1

해석

❶ 나는 우리나라가 1945년에 독립했다는 것을 알고 있다.
❷ 지구가 태양 주위를 돈다는 것을 그 아이는 알지 못했다.

해설

❶ 역사적 사실이므로 과거시제로 쓴다.
❷ 과학적 사실은 현재시제로 쓴다.

어휘

■ independence 독립
■ move 움직이다
■ regain 회복하다
■ around 주위에

2

해석

❶ Diana 황태자비는 1997년에 죽었다.
❷ 빛은 소리보다 더 빨리 이동한다.
❸ Frank Epperson은 1905년에 Popsicle(아이스 바)을 발명하였다.
❹ 천천히 그리고 꾸준히 하면 경주에서 이긴다.

해설

❶, ❸ 역사적 사실이므로 과거시제가 알맞다.

❷ 과학적 사실이므로 현재시제가 알맞다.
❹ 속담이므로 현재시제가 알맞다.

어휘
- die 죽다
- fast 빠르게
- invent 발명하다
- slow 느린
- win 이기다
- travel 이동하다, 여행하다
- sound 소리
- Popsicle 아이스 바
- steady 꾸준한
- race 경주

Grammar in Real Life
본문 128쪽

1 found
2 ❶ was ❷ will be[am going to be]
3 will[are going to] practice (soccer) together

해석
남: 미나야! 난 어제 네잎클로버를 발견했어.
여: 와우. 너는 운이 좋았구나.

남: 응! 운이 좋은 날이었어. 나는 축구 경기에서 골을 넣었어. 우리 팀이 이겼지.
여: 멋지구나! 너는 매일 축구를 하니?

남: 아니, 안 해. 너는 축구를 좋아하니?
여: 응. 아빠가 1970년대에 축구 선수셨어. 나는 장래에 축구 선수가 될 거야.

남: 정말? 같이 연습하자.
여: 좋아. 연습이 완벽을 만들지.

중요 표현
- get a goal: 득점하다
- in the future: 장래에

어휘
- find 발견하다
- soccer 축구
- practice 연습하다
- lucky 운 좋은
- cool 멋진, 시원한
- perfect 완벽한

1
해설
yesterday라는 과거를 나타내는 부사가 있으므로 과거시제가 알맞다.

2
해설
❷ in the 1970s라는 과거를 나타내는 부사구가 있으므로 과거시제로 고친다. 주어가 My father로 3인칭 단수이므로 was가 되어야 한다.
❸ in the future라는 미래를 나타내는 부사구가 있으므로 미래시제로 써야 한다.

3
해설
남학생이 축구 연습을 같이 하자고 제안했고 여학생이 받아들였으므로 둘은 대화가 끝나고 축구 연습을 할 것이다.

Actual Test ②
본문 130~133쪽

01 ③ 02 ④ 03 ④ 04 ③ 05 ④ 06 ① 07 ②
08 ⑤ 09 ⑤ 10 ② 11 ⑤ 12 ⑤ 13 ⑤ 14 ④
15 ④ 16 (1) sees, saw (2) don't, didn't[did not]
17 (1) Sujin is studying at school. (2) Sujin is watching TV. 18 (1) A day has twenty-four hours. (2) Linda didn't[did not] do her homework yesterday. 19 I won't 20 he is

01
해석
그는 10년 전에 아기였다.

해설
과거를 나타내는 부사구 ten years ago가 있으므로 과거시제가 되어야 한다. 주어가 He이므로 was가 알맞다.

어휘
■ baby 아기

02

해석
콜럼버스는 1492년에 아메리카 대륙을 발견했다.

해설
과거의 역사적 사실이므로 과거시제가 알맞다.

어휘
■ discover 발견하다

03

해석
A: 너는 지난밤에 그를 만났니?
B: 응. 나는 그를 만났어.

해설
last night이라는 과거를 나타내는 부사구가 쓰였으므로 과거시제 의문문이 되어야 한다. 일반동사의 과거시제 의문문은 〈Did+주어+동사원형 ~?〉이다. meet의 과거형은 met이다.

어휘
■ meet 만나다

04

해석
우리는 집에서 숙제를 한다. / Lisa는 많은 질문을 한다.

해설
현재시제의 경우, We는 1인칭 복수이므로 동사원형 그대로 쓰고, Lisa는 3인칭 단수 주어이므로 asks로 쓴다.

중요 표현
■ a lot of: 많은
■ do one's homework: 숙제를 하다

어휘
■ question 질문　　　　　■ ask 묻다

05

해석
내일 비가 올 것이다. / 나는 매일 샤워를 한다.

해설
첫 문장은 tomorrow라는 미래를 나타내는 부사가 있으므로 미래시제를 쓰고, 두 번째 문장은 매일 하는 일이므로 현재시제를 쓴다.

중요 표현
■ take a shower: 샤워를 하다

06

해석
① Nick은 점심을 먹고 있다.
② 나는 훌륭한 디자이너가 될 것이다.
③ 최 선생님은 내일 바쁘시다.
④ 그는 농구를 하고 있지 않다.
⑤ 나는 할머니를 방문할 것이다.

해설
② 미래시제는 will 다음에 동사원형을 써야 한다.
　➡ I will be a good designer.
③ tomorrow라는 미래를 나타내는 부사가 있으므로 미래시제로 써야 한다.
　➡ Mr. Choi will be busy tomorrow.
④ 현재진행형의 부정문에서는 be동사 다음에 not을 쓴다.
　➡ He is not playing basketball.
⑤ will 다음에는 동사의 원형이 오거나 앞의 will을 삭제하고 과거형으로 써야 한다.
　➡ I will visit my grandmother. / I visited my grandmother.

어휘
■ lunch 점심 식사　　　　■ designer 디자이너
■ busy 바쁜　　　　　　　■ basketball 농구

07

해석
① 우리는 지금 축구를 했다.
② 수진이와 Mary는 지난밤에 집에 갔다.
③ 우리는 2010년에 현장 학습을 가는 중이다.
④ 그들은 어제 중요한 교훈을 배운다.
⑤ 그는 몇 분 전에 그의 숙제를 마칠 것이다.

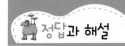

해설

① now라는 현재를 나타내는 부사가 있으므로 현재시제나 현재 진행형으로 써야 한다.
➡ We play soccer now. / We are playing soccer now.

③ in 2010이라는 과거를 나타내는 부사구가 있으므로 과거시제로 써야 한다.
➡ We went on a field trip in 2010.

④ yesterday라는 과거를 나타내는 부사가 있으므로 과거시제로 써야 한다.
➡ They learned an important lesson yesterday.

⑤ a few minutes ago라는 과거를 나타내는 부사구가 있으므로 과거시제로 써야 한다.
➡ He finished his homework a few minutes ago.

중요 표현
- go home: 집에 가다
- go on a field trip: 현장 학습[체험 학습]을 가다

어휘
- important 중요한
- lesson 수업, 교훈
- finish 마치다

08

해석

A: Kevin과 Jim은 배드민턴을 치니?
B: 아니, 그렇지 않아.
① 너는 한국인이니?
② 너희들은 학생들이니?
③ Tom은 자전거를 타니?
④ 우리는 서점에 가니?

해설

they don't로 대답하고 있으므로 일반동사의 복수 주어 의문문이 알맞다.

어휘
- ride ~을 타다
- bicycle 자전거
- bookstore 서점
- badminton 배드민턴

09

해석

A: 너는 무엇을 할 거니?
B: 나는 쇼핑하러 갈 거야.
① 응, 그래.
② 난 집에 갔어.
③ 응, 나는 그것을 해야 해.
④ 나는 점프를 잘해.

해설

be going to로 묻고 있으므로 be going to를 이용해 대답한다.

중요 표현
- have to: ~해야 한다
- be good at: ~에 능숙하다, ~을 잘하다

어휘
- jump 점프하다; 점프

10

해석

① 나는 계획을 세울 것이다.
② 나는 지금 동물원에 가고 있다.
③ 나는 편지를 쓸 것이다.
④ 나는 런던에 갈 것이다.
⑤ 나는 오늘 밤 파티를 열 것이다.

해설

〈be동사의 현재형 + going to + 동사원형〉은 '~할 것이다'라는 뜻이고, 〈be going to + 장소〉는 '~에 가는 중이다'라는 뜻이다.

중요 표현
- make a plan: 계획을 세우다
- have a party: 파티를 열다

어휘
- zoo 동물원
- tonight 오늘 밤

11

해석

① 내 친구들은 화가 나 있다.
➡ 내 친구들은 화가 나 있지 않다.
② 내 13번째 생일이었다.
➡ 내 13번째 생일이 아니다.
③ 나는 어제 민지에게 전화했다.

➡ 나는 어제 민지에게 전화하지 않았다.
④ Bobby는 액션 영화를 좋아한다.
　➡ Bobby는 액션 영화를 좋아하지 않는다.
⑤ 나는 월요일에 5시간 수업이 있었다.
　➡ 나는 월요일에 5시간 수업이 없었다.

해설
① be동사가 쓰인 문장이므로 are 다음에 not을 써야 한다.
　➡ My friends aren't[are not] angry.
② 과거시제 문장이므로 wasn't[was not]를 써야 한다.
　➡ It wasn't[was not] my 13th birthday.
③ didn't 다음에는 동사원형을 써야 한다.
　➡ I didn't[did not] call Minji yesterday.
④ doesn't 다음에는 동사원형을 써야 한다.
　➡ Bobby doesn't[does not] like action movies.

어휘
■ angry 화가 난　　　　　■ class 수업

12

해석
① 미나는 노래를 매우 잘한다.
② 그는 약간의 도움이 필요하다.
③ Jessy는 바이올린을 연주한다.
④ 그녀는 사랑스러운 인형을 가지고 있다.
⑤ 그는 많은 나라를 비행한다.

해설
⑤ fly는 3인칭 단수 주어가 쓰이면 flies로 써야 한다. 〈자음+y〉
로 끝나는 동사는 y를 i로 고치고 -es를 붙인다.

어휘
■ sing 노래하다　　　　　■ help 도움; 돕다
■ violin 바이올린　　　　　■ lovely 사랑스러운
■ fly 비행하다, 날다　　　　■ country 나라

13~15

해석
　나는 어제 바빴다.
　아침에는 농구를 했고, 방과 후에 숙제를 했다. 그러고 나서
나는 친구들과 영화를 봤다. 저녁 식사 후 나는 집에 돌아왔다.

내일 나는 수영하러 갈 것이다. 하지만 이번 토요일에는 나는
어떤 계획도 갖고 있지 않다.

중요 표현
■ come back: 돌아오다

어휘
■ but 그러나　　　　　■ plan 계획

13

해설
⑤ come의 과거형은 came이다.

14

해설
tomorrow라는 미래를 나타내는 부사가 있으므로 미래시제를
써야 한다. 미래시제는 〈will+동사원형〉으로 쓴다.

15

해설
어제는 바빴고, 내일은 수영하러 간다고 했다가 '그러나(but)'라
고 말하고 있으므로 이번 토요일에는 계획이 없다는 이야기가
들어가야 알맞다. 주어가 I이므로 〈don't+동사원형〉의 형태가
알맞다.

16

해석
일요일 아침, 지나는 산책을 했다. 그때, 그녀는 두 명의 소년
을 보았다. 그들은 버스를 기다렸다. 하지만 그 버스는 서지 않
았다.

해설
과거에 있었던 일이므로 과거시제를 쓴다.
(1) see의 과거형은 불규칙 변화하여 saw이다.
(2) 일반동사 과거시제의 부정문은 〈주어+didn't[did not]+동사
　　원형 ~.〉의 형태이다.

중요 표현
■ take a walk: 산책을 하다
■ wait for: ~을 기다리다

정답과 해설

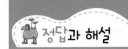

어휘
- stop 멈추다

17

해석

〈보기〉 7시 45분이다. 수진이는 아침을 먹고 있다.

(1) 오후 1시이다.

(2) 밤 10시이다.

해설

현재진행시제는 〈be동사의 현재형+동사원형-ing〉의 형태이다.

(1) 8시 30분부터 4시까지는 학교에서 공부를 하고 있으므로 1시에는 학교에서 공부를 하고 있다.

(2) 밤 9시 30분부터 10시 30분까지는 TV를 보고 있으므로 10시에는 TV를 보고 있다.

어휘
- breakfast 아침 (식사)
- sleep 자다

18

해설

(1) 일반적인 사실을 말할 때는 현재시제를 써야 한다.

(2) yesterday라는 과거를 나타내는 부사가 있을 때는 과거시제를 써야 한다.

중요 표현
- do one's homework: 숙제하다

어휘
- day 하루
- hour 시간

19

해석

Q: 너는 내일 책을 살 거니?

➡ 아니, 그러지 않을 거야.

해설

Will you ~?로 묻는 질문에 부정으로 대답할 때는 No, I won't. 로 답한다.

어휘
- buy 사다

20

해석

Q: Jim은 곧 너를 방문할 거니?

➡ 응, 그럴 거야.

해설

be going to로 묻는 의문문에 대한 긍정 대답은 〈Yes, 대명사 주어+be동사.〉를 쓴다.

어휘
- visit 방문하다
- soon 곧